本拙作承
文化建設基金管理委員會獎助出版，
謹申謝忱

儲砥中著

海天心影錄

文史哲出版社印行

國立中央圖書館出版品預行編目資料

海天心影錄 / 儲砥中著. -- 初版. -- 臺北市
: 文史哲, 民84
面 ; 公分.
ISBN 957-547-957-2(平裝)

851.486 84005768

海天心影錄

著者：儲砥中
出版者：文史哲出版社
登記證字號：行政院新聞局局版臺業字五三三七號
發行人：彭正雄
發行所：文史哲出版社
印刷者：文史哲出版社
台北市羅斯福路一段七十二巷四號
郵撥〇五一二八八一二彭正雄帳戶
電話：三五一一〇二八
實價新台幣三二〇元
中華民國八十四年六月初版

ISBN 957-547-957-2

自序

沈約宋書謝靈運傳論曰：「歌詠所興，自生民始」。蓋先民之歌，情詞樸茂，其後踵事增華，則有漢魏六朝，而風翩健美；四聲八病主唱之後，而韻律森嚴。下逮李唐，四傑開祖，詞人達宦，莫不醉心吟詠，設意風騷；李杜並出，則輝光萬里，才兼當代，於是唐詩之黃金時代，於焉以成。竊按一般學詩程序，從詩經楚辭而下近體，余則逆流而上，蓋取巧之也。

先之，醉心杜牧之、李義山詩，因其用情深邃，布局纏綿；後宗元白，由其詞顯義清，隨口吟詠，五十之年以後，則獨鍾少陵，全集一千四百五十餘首長篇短製，均經背誦一過，此為民國七十二年來美以後之事也，而此五百餘首拙作，亦為民國七十六年春以後逐步所成。

溯自早年離校後，偶而隨興抒感，隨事應酬。民國六十年九月間，在校車上將拙作一首面請好友韋蒹堂兄指教，蒹堂謙詞不受，並云：「如有興趣，願引荐江師絜生先生。」時江師每星期三與宋天正、朱任生、張夢機諸大家在台北夜巴黎餐廳樓上論學談詞，承蒹堂引荐後，江師即當面批改拙作七絕三首，並蒙謬獎「有詩才」，著令清稿後，即代送交大華晚報「瀛海同聲」專欄發表（江師為該欄主編），此後即每週三改稿受教一次，直至六十六年六月，前後六年時間受益最多，如今江師已歸道山多年，而蒹堂亦中風在院，人事寥落，高會難再，興感無從：

七十二年春赴美，為生計奔忙。三年後，先父在英倫謝世，承旅英僑界先進李公恩國世伯在治喪會上報告先父生平，余為感戴盛情，即擬拙作一首，由舍弟中流代為呈達，並蒙不棄，在其主辦之「亞歐評論」月刊上發表，並吩咐舍弟，勉余創作不輟，初承垂愛，敢不鞭策以赴。原以為此生出國後，將無緣再提所好，竟不意如枯木逢春，而再萌芽滋蔓，追源溯本，對李世伯鼓勵提攜之功，感激終始。

民國八十三年，又有幸承蕭公幹侯先生指教，蕭公為吾心儀已久之師長輩，早在學生時代，即常在中央日報副刊上拜讀公之大作，恨無緣忝列門牆，此次得因緣之助，恩蒙師長風範，針對拙作，指點高明，雖以空間限隔，未能親自請益，亦自感同沐時雨而被春風矣！

詩學有方，詩境無窮，良師開悟，益友箴規，皆為啟迪之良方！鼓勵提攜，勉毋怠毋荒，亦為奮發之動力。年逾六旬，業方起步，鈍根既深，愧怍斯重，書此自勉，並謝恩師友，努力將來，是為序。

海天心影錄目錄

海天心影錄

長春祠題記

昔年鳩工建造東西橫貫公路，由於工程艱險，殉職者眾，竣工後，政府為感念榮民勳勞，乃有太魯閣長春祠之建。前在台任教期間，曾率諸生暢遊斯地，並致祭忠靈。近在美閱報，知祠已為山洪沖毀，英靈無依，參拜無從，遂有易地重修之議焉。

長春來碧血，鯤島寄忠魂；戰伐興亡業，功開利濟恩；青雲護石壁，白日照山門；水鑑靈台淨，煙升碧瓦存；簷風疑號角，肅穆漫乾坤；禋祀崇勳在，戎衣上國尊；黌宮分奠爵，禮樂對王孫；遙念艱難日，更多締造痕；豐隆移地軸，河伯下山根；毀廟歸深雨，新工付討論；驚魂欣有託，白露幾經吞；正氣千秋在，高衢萬里奔。

哭先師李校長振雲先生

先生為汝南世家，早年在豫北輝縣百泉，創辦鄉村師範學校，達材者眾。旅台後，曾任台北樹林高中校長，公館設教室後方，以竹籬中分。後調任教育部中教司幫辦。退休後，創辦龍華工專於台北新莊。八秩嵩慶，為吾師生最後之晤面，今竟因在香港會晤其分別四十年之女師姐，一時心情激動，不能自已，引發心臟衰竭，客死香江。悲夫！吾以寄身異域，興悲有自，奔喪無從，謹哭以五首五律。

其一

血戰東夷近，弦歌北國深；諸生依白日，耆宿吐丹心；
華夏天王地，汝南哲匠林；風徽洙泗並，道近魯恭音。

其二

宣講今朝會，常從舊出身；虛心容肅穆，約禮重經綸；
崇道規風範，開宇舉日新；師門多雨露，感激動霑巾。

其三

寓寄宮牆裡，闢通共一城；起居親德澤，方便感精誠；
我少程門雪，公多沂水情；追隨三載去，想像問開明。

其四

退隱公門後，龍華餘力留；衣冠原宿昔，老健繼清秋；
工業興王地，文章輔國旒；心閒雲不競，桃李望中收。

其五

水沒香江岸，愁深異地雲；八年餘別淚，萬里哭斯文；
嵩壽清樽在，高天落雁聞；心喪付受業，教化託秋墳。

恭賀總統府李秘書長元簇先生

先生任政治大學校長時，余承先生之前任劉校長季洪師之荐，留任校長室兼任秘書，專責應酬文稿之撰擬，今先生榮任總統府秘書長，追懷昔日承命情景，留影於詩，兼為賀詞。

其一

曾左兵戈去，衣冠輔國回；三湘拱紫蓋，一府定蓬萊；
元帥中興在，賢良濟世來；運籌總密勿，妙絕展公才。

其二

案牘天機大，府深一國尊；艱危參治亂，正氣定乾坤；
岸老平江水，風高海嶽門；追隨原有自，冰雪美崑崙。

其三

道術青年接，軍機去日深；參戎扶國運，述作異儒林；
陳力新功業，法官慎獄心；勳標不改度，憂樂自親尋。

其四

不息真君子，天人老眼中；繼統聖德業，講學漢家風；

禮義期同席，辭章待付公；上庠垂顧日，回首道南東。

註：△紫蓋爲南嶽衡山七十二峰之一。

△李秘書長爲湖南平江人。

△李總統爲台北縣三芝鄉人，地當淡水河入海口與觀音山交會之處，海天展布，形勢險勝。

△道南橋在木柵溪上，爲通政大要道。

恭賀總統府邱副秘書長進益兄

進益兄為余政治大學同屆校友，畢業後，又同在基隆任教。後參加外交部領事人員考試，得高第。先後榮任該部科司長及發言人等要職。李總統就任後，由駐史瓦濟蘭大使，調升總統府副秘書長，忠良幹濟，佐理樞密，援筆命篇，藉伸賀忱。

其一

宮牆天地闊，承露各殊功；君接蘇張義，我親游夏風；精誠期共訓，親愛切初衷；白日丹心在，芸窗筆硯同。

其二

青燈移海隅，並轡上山城；勤力仍如昨，談鋒不負卿；檢書趁夜月，講學啟聰明；雨港春帆遠，風揚又一程。

其三

壯志興邦遠，高才護國深；艱危同此日，寤寐繫忠心；敢作金人口，還開公僕襟；通時共理政，宣命待清音。

其四

雲接星軺外，歌揚上國西；天風迎白日，地理異丹陛；影動衣冠在，光搖指顧低；漢家兵馬使，散露下春泥。

哭德潛姻兄

德潛姻兄中央軍校西安分校畢業後，即身軍旅，歷經抗戰諸役，不幸於民國七十八年初病逝台北，余在美驚聞噩耗，賦此誌哀。

其一

多病春初落，分寒異國來；冰封千里道，淚動兩家哀；
戚里長空在，書函檢舊開；青山贈將校，高略有兵才。

註：奉國防部令准安葬台北國軍公墓。

其二

辛苦西京日，從戎報國初；東鄰卻走敵，北極又傳書；
汗馬多征戰，山河少定居；遺哀鄉水遠，失土未歸余。

其三

喪亂天倫少，君門獨得多；榮枯同涕淚，生死共干戈；
兄老傳衣盡，姪多承命過；鴒原無遺憾，江海有風波。

註：令長兄亦爲西安分校畢業，無子，兄以子嗣之。

其四

秦晉蓬萊結，姻親此日分；容華輸往日，肝膽逼青雲；
健步君須記，通家我自聞；德音從此去，寂寞付孤墳。

註：昔年赴美時，曾與兄在機場殷殷話別。

李總統登輝訪星加坡紀盛

李總統於民國七十八年三月三月至六日，以「台灣來的李登輝總統」名義，訪問星加坡三天，由李光耀總理親自接待。二位李先生，一為祖籍福建，一為廣東，同源異派，且為並世碩學開明之領袖，宜有作，以記其盛也。

其一

祖德皋陶遠，衣冠並世雄；閩江分主派，粵嶺繼宗風；
鬢影檳城接，長波島嶼通；光輝生異域，款曲漢家同。

其　二

星島資源少，雲樓逐日多；高才起絕地，沙岸湧金波；
國富應無敵，家殘尚枕戈；名移實未假，宗老應相過。

其　三

博學千金重，相逢一代親；興農通雨露，司法養精神；
理想新邦地，憂勞上國春；敦交存道義，語定暗風塵。

過英法海峽

民國七十八年四月七日，余母子兄弟三人，由英法海峽搭船起程，暢遊歐洲大陸法國、比利時、西德及荷蘭等四國。初時，天朗氣清，波平如鏡，中途風浪大作。

其一

海氣初開異國濱，姑從岸際別美倫；青光雲影千波重，爭迎春暉護客輪。

其二

浪擁奔舟接語難，天容洗淨報平安；紛飛不住深洋水，化作驚濤一路看。

註：搭乘快速之氣墊船。

其三

閩海舟中風雨興，劬勞猶記惟親能；尊前潮似當年急，
只是椿蔭少一層。

其四

峽裡同舟渡眾生，相依白浪老精誠；兒童競視奔流水，
未識新濤汰舊情。

其五

侍親此日波濤上，最是飛舟起伏身；頻問前程惟弟答，
愧無善計靖風塵。

其六

舟中海客兼南北，劫後歐遊惟我親；老病無關天地闊，

艱難風浪倍精神。

奉贈李公恩國先生及旅英中華學術暨專業協會諸公

民國七十八年四月三日，余自美赴英倫探親，兼謁李公恩國先生，承蒙賜邀參加中華學術暨專業協會午餐，餐後，循例舉行專題學術演講。

其一　贈鄭博士

科技西方極，文光魯殿深；推知窮物理，好學繼儒林；
鯤島春風第，劍橋博士心；開宗登講日，依舊漢衣襟。

註：擔任演講之鄭博士，為我國留美之女青年學者，樸茂無華，如台北高中女生然。

其二　贈李公恩國先生

龍馬精神在，呼高異國中；宣勤多歲月，力學漢家風；主義交征戰，文章應敵功；美倫虛使節，奔走總歸公。

其三　贈出席諸公

開埠英倫地，根深海外春；鋒先憑足手，業久仗經綸；學識移民重，潮流入目新；諸公多士氣，漢節不歸秦。

金陵懷舊，兼寄景崙

歲次丁亥冬，余家破，隨母亡命金陵依父，得識京城之美，次年冬，遷浙，患難相尋，萍蹤無定，上都去我已四十餘年矣；今內姪景崙客居舊京，追思前塵，正不勝有今昔之感也。

其一

家破初寒後，奔程到帝京；祖園從此別，星月紀經行；
白下多風景，台城迎父情；兵戈留宿約，枕石聽江聲。

其二

瓦廠棲身地，街燈暗有無；喧聲誰問禁，失路少趨扶；
物價朝朝易，人心寸寸殊；讀書清夜後，倚枕聽更夫。

註：瓦廠街在南京水西門外，爲余舊時住地。

其三

城上青雲近，風箏放遠天；清明春雨後，上巳暮煙前；

勇捷似無影，逍遙任比肩；金陵控足下，未許落幽燕。

註：兒時在南京城頭上放風箏，爲金陵春景之一。

其四

水國西城外，宮牆古木中：聽鶯書堂後，數柳石橋東；

湖想青春色，樓分漢主功；師生違別日，夕露下秋風。

註：△少時就讀南京莫愁湖小學。

△莫愁湖以六朝女子盧莫愁曾居此，故以名湖。

△湖畔有勝棋樓，相傳爲明太祖與徐達（中山王）對弈，太祖以樓爲注；後果敗弈，遂贈此樓。

其五

感激多清問，歸來應有期；金陵繫夢寐，北美不棲遲；共步千家月，分吟六代詩；西城春草在，話舊與君知。

長春祠重修題記

在美閱報，欣悉長春祠經輔導會在原址重修完成，並於七十八年八月重新舉行入祠安靈秋祭大典，美魂有託，詩以美之。

其一

散魄重招此日回，紛從碧瓦認靈台；長春曾鎮山河去，秋雨還侵廟岸來；向識精誠憑偉績，也參香火仰群才；孤懸石壁青峰少，應是春林劫後栽。

其二

石火紛飛照太空，山移廟定美豐功；東西地險推高闊，南北人英集一工；斬滅無分春草遠，歸來有寄夕陽紅；胼胝汗馬餘芳在，總領川流向此中。

舊巢

今春有一蜂雀（北美鳥類），築巢於門前樹上，余以食食之，結為鄰，不數日，聞雛雀聲，知其孕育枝間，待習飛數次後，即一去不返矣。

其一

疏枝依舊春巢在，想像穿林定木初；銜雨銜飛明遠志，迎風不去護新居；曾聞孕育飢無食，還怯慇勤餽切蔬；此別空餘天地遠，未留消息好封書。

其二

幾度歸來見羽毛，分明脫略自清高；枝間提足空泥落，簷際親余不目逃；詩藉鳴聲催響格，文從搖影動思濤；舊巢不共飛雲去，猶伴吟風待爾曹。

遊黃石公園

森林入口

種樹誰家子，蔭垂一國恩；輕枝先接目，美葉動飛魂；生養隨天意，榮枯付客論；高林少斧鉞，運異漢山門。

林道

趣異都城裡，風高林國邊；奔車松影後，問路野花前；
周道開新境，回心逼險淵，氣通園外去，隱約接三川。

黃石湖

興盡林園後，車開水國城；山無三峽色，氣有洞庭清；
垂釣臨春渚，嘔歌見露營；放懷天地外，不醉也身輕。

火山遺跡

茫茫荒野在，渾沌記初災；春草封根去，殘山落照來；
天高少鳥越，地裂任風裁；走石催人急，不勞拯劫埃。

野生動物

萬物分天性，相生共一園；鷹飛喜命達，猴唱啟貞元；
樂利三春土，乾坤萬里垣；風多不失道，舉足即桃源。

間歇泉

地脈通情理，分時若等齊；驚雷催物變，熱雨失春犁；
勇力增多識，風波別舊泥；精誠千古在，何用漢詩題。

註：△此溫泉約間隔四十分鐘噴一次，此邦人士命名曰：「老忠實」。
△噴時水柱沖天，聲若奔雷，甚爲壯觀。

過印第安人村落

其一

芳歇春山在，風回晚照同；虛靈多寂寞，衰朽困英雄；

劃地留生計，掩門不問公；傳家隨世變，且醉夕陽中。

註：印第安人多聚居在其保留區内。

其二

戶外衣冠少，庭前子弟多；艱難頻接目，應對自懸河；且告村中事，還聞日後歌；臨風依老馬，百戰記經過。

註：印第安人，善騎射，好養馬。

其三

作屋青林外，傷神白日邊；塵沙封古道，廢壘認當年；良馬少人鑑，羽冠失世憐；徘徊有異客，共話此山川。

註：印度安人帽上多以羽毛爲飾。

無家吟

美國富甲天下，然無家可歸者，在一九六九年竟高達四百萬人，常有凍斃者聞。

其一

非關戰亂後，飄轉泣斯民；
僻壤少生計，通都豈託身；
寒催心氣冷，露下骨酸辛；
體弱風交力，死生困一貧。

其二

國富雖無敵，飢寒百萬家；
奔波散手足，生死在風沙；
犬馬從人食，衣冠戲暮鴉；
貧歸千里去，俯首問天涯。

其三

臥對空雲際，星明夜未央；西風欺冷目，北斗落寒光；
辛苦充腸食，顛連失路航；三春方展轉，重九又初霜。

美國采風錄

旅美以來，耳目增識，感慨斯深，姑以「采風」為題，不標子目，便於命筆也。

其一

星條旗有道，獨立記當時；政令依公意，精誠誓義師；
春來驚世變，俗異競心馳；誰識英雄業，忠靈泣判詞。

註：＜美國星條旗式樣，在費城獨立宣言時訂立。
＜今春（一九八九年）美國青年掀起焚旗狂熱，大法官會議議決無罪。

其二

臥塌千家在，煙燈接日曛；浮生歸大夢，痳木入孤墳；
弱土中華地，強兵鴉片軍；新民回上國，流毒異邦聞。

註：美國毒品汎濫嚴重，緝毒人員一次在加州搜得六噸重古柯鹹。

其三

眉鎖心猶壯，攻艱許自期；千夫善展轉，一命難奔馳；
謀國迎新敵，招降屬舊師；文忠兵令在，掃毒不棲遲。

註：△布希總統嚴令邊防部隊協助緝毒，並以「抗毒」到底自矢。
△林文忠公曾云：「如不禁煙，國將無可聚之餉，無可練之兵」。

其四

勇者多無敵，皇天實鑒臨；公忠憑客斷，生死聽君擒；
戰守艱難地，殷憂領袖心；他年青史在，感激有知音。
註：哥倫比亞販毒集團，公開揚言謀刺布希總統及其家人。

其五

大義春秋著，新邦實未同；潮流趨末俗，品第遜清風；
學識中華重，君師孔孟雄；萬方推祭酒，漢帝不黌宮。
註：△本地某學院校長，爲竊取一雙價僅八元九角五分之運動鞋，被繩之以法，堂堂師表，竟自甘墮落如此。
△漢光武帝以帝王之尊親赴太學講經，禮遇祭酒，師道崇隆，於茲可見。

其六

禮約高人境，法知俗客情；宵清多自問，慎獨戒君行；
物欲摧風化，心旌動道存；洋流同此去，誰解異波聲。

註：洋人婚姻關係複雜多變，亂倫事件亦屢見不鮮，與中華倫理觀念迴異。

其七

民生尊先進，公堂竟退辭；車奔青野去，馬踏夕陽遲；
問政千家事，抒誠一票期；是非如可棄，賢愚不分馳。

註：美國各類公職人員選舉，其投票率能達六成者已屬難能。

其八

立馬青天外，凝神白水邊；衝鋒疑戰陣，講義記當年；
不散霜蹄遠，還征敵壘前；歸來何可樂，鞍下舞輕鞭。

註：美國中西部民風純樸，有名之Rodeo即爲牛仔之競技項目，狙獷、驚險、刺激爲其特色。

其九

一馬奔韁去，黃塵逐後開；鞭飛贏顧目，聲疾震看台；
主失青春色，蹄多汗血材；辛勞無倦意，擊掌為君來。

其十

驊騮曾記漢家有，異國鞭成足下同；暑日誰憐競馬汗，
衣泥不計此身窮；心馳競技空前敵，氣累榮名虧一功；救護
車奔清道去，敢將生死問英雄。

註：此競技常有傷亡，故救護車在場外待命。

其十一

八載辛勤出白宮，青春依舊待元戎；公堂肅穆還思貌，銀海飛騰總認公；鞭馬無如鞍馬在，伐薪不似伐勳同；歸來展目酬知己，選票應兼戲票功。

註：△雷根統榮歸故里後，電影界人士曾敦促重返銀幕。

△雷根總統擅演西部牛仔角色，馬術爲其所長，歸來後，某次竟不慎由馬上跌下。

△爲展示體能，某次在電視上竟舉大斧劈柴，乾淨俐落。

△離職後，有記者問在白宮成就如何，竟答以「政績輝煌」。

其十二

工裝技術總相宜，舊業人回志不移；經驗分明對利器，衣冠有意付清時；謙懷盡退宮朝敬，老健新從體力知；再接青春應晚景，不因鉋鉞損官儀。

註：△卡特總統原擅長木工，退休後，以重操舊業爲娛，電視採訪記者，常介紹其工作情形。

△與卡特同時工作者，均爲年輕技工。

其十三

敢從背影認精神，領袖分明是客身；玄命總聞歸異象，斯邦不見有真人；潮流盡處推民主，宦海新帆出俗塵，優孟魯班均是僕，憑開勳業到星辰。

註：優孟、魯班分別爲我國演藝人員及木匠之始祖。

其十四

一番作色自天回，激動群心帶淚陪；救世總推真主去，望風猶似錦車來；端華信果傾千座，壯氣尊嚴拱一台；辜負靈光對引路，空留美景為君開。

註：某電視布道家，由於唱做俱佳，使信徒爲之動容，爭相慷慨捐輸，數達億元，遂藉此中飽私囊，華屋香車，衣光鬢影，儼然新貴，敗露後，除科以巨額罰金外，並累積各罪，處以四十三年監禁。

其十五

物象紛紜混太清，星高科技此東征；流雲不伴空前去，雷達依稀訪舊行；道變陰陽歸紫氣，儒推性命避天情；分明宇宙渾然體，難捨雲霄萬里程。

註：△美國旅行者二號太空船，在太空飛行十三年之久，方接近海王星，並拍下其影片，發回地

球，直奔外太空而去。

△我國道家，只求知天（自然），而不用天（征服自然），儒家只求知人，而不求知天，是以人文科學盛，而自然科學衰矣。

其十六

乘風歸去有東坡，駕鶴王娘響玉珂；早領人間追幻覺，不從物理事消磨；傾城失國天庭淚，奔月長生藥裡過；已喜靈氛通海氣，還將科技問星河。

註：太空科技爲潮流所趨，台灣海峽兩岸之炎黃子孫，已分別向此目標邁進矣。

其十七

設館斯邦內，烹香引客聞；主稱瓊宴賞，賓喜美氤氳；

藝法名都味，家爭御膳動；廚工新略地，別幟漢家軍。

註：在美中國餐館一萬餘家，爲外國餐館在美之總和，然所謂中國菜者，已橘逾淮而爲枳矣。

其十八

飲食生民業，箸開異域花；陳香推美國，錦席著中華；

限局先僑病，抒誠起漢家；霓虹燈不夜，並力釀流霞。

註：中國餐館多屬家庭式，數量雖衆，但在餐館界無舉足輕重地位，源於國人好內鬥之民族通病也。

其十九

科技推先進，人文總不如；星球開異域，地理失方輿；

問史新生後，吟章識字初；孔門尊六藝，教育未偏居。

註：△美國中學生人文常識普遍缺乏，甚至誤認印度即在南美洲。對於南北戰爭，亦認爲交戰之一方爲印第安人。

△極大多數高中生不能閱報，亦寫不通便條。

其二十

几淨燈明館已開，未曾幾見讀書才；新編雜誌迎人眼，舊列群書漫架台；鑿壁難招諸子問，囊螢誰識聚光來；清風良夜驚初散，詩負三餘愧未裁。

註：美國圖書館極普遍，縣有總館，鄉鎮有分館，但常虛席以待，余偶至，亦自愧不能善加珍惜此設備也。

感恩節有懷

西元一九八九年感恩節，適逢先父謝世三週年，撫時興感，率成三章。

其一

棘禮三年盡，感恩此日同；威靈當雨露，手澤潤家風；
西俗宗堂外，墓門祖國中；服除身未易，哀樂付書躬。

其二

患難相隨日，兵戈別離年；前鋒戰火在，撚髮問題邊；
建鄴青春夜，榕城白米錢；感恩動我淚，除孝仍烽煙。

註：△余生未久，即爲先父懷抱在故鄉避土共之亂。

△抗戰八年，先父在外，余留故鄉，常撚髮孺慕。

△戡亂起，余赴京依父，初承庭訓，不久，父赴滬，余赴浙、赴閩。在閩時，匯來之金元券數百萬元，已不能買一升米矣。

其三

慟及平生幾度回，先驚大父落凶災；英倫病裡千行去，蓬島分前兩淚來；抗敵總期歸死節，持家有約惜錢財；三年寂寞親恩裡，漫檢家書一一開。

註：△變亂起，先祖父在故鄉死於土共棍石之下，先父在京聞訊，痛不欲生。

△先父病逝英倫。病中，余自美探病，榻畔相逢，悲喜交集。

哀巴拿馬

巴拿馬首都巴拿馬市，於西元一九八九年十二月二十日因美國布希總統以逮捕該國國防軍總司令諾利加將軍（被控以向美國販毒等四項罪名）到美受審，武裝大舉進攻，巴國軍民奮勇抵抗，爰題五首，以紀其事。

其一

正義和平漫口誇，今來兵馬亂風沙；擒王恨焚將軍里，
喪母遺孤百姓家；濟弱憑追先聖業，扶傾猶記舊中華；出師
自是他疆外，強理新開戰火花。

註：美軍焚燬諾利加將軍總部並包圍其住宅。

其二

借理興師異國聞，聲高猶似蓋煙雲；如何戰火先前去，未見青年起自尊；耳目偏容諸子弟，兵戈不許老將軍；修文偃武歸三者，義伴春霖裕後芬。

註：美國青年吸毒者衆，未聞有嚴厲懲處。

其三

椰樹抽條草未凋，無端戰火釀風潮；高樓搖落驚人眼，瘦骨流亡撫餓腰；生死還期冬日盡，師干已負聖明遙；淒涼景色知銀幕，想像真情更寂寥。

其四

強鄰兵馬出邊征，撻伐還期萬國誠；兄弟西疆沆一氣，恩仇北海異新聲；權高應有分庭策，世亂豈無仗義情；總領艱難對局變，不將喜怒報平生。

註：布希總統出兵巴拿馬，只有英國等少數國家完全支持，中共則反對。

重修家譜有感

族兄自故里來函索取資料，以為修家譜，並云：五十餘年來，族中尊長考喪殆盡，已有稽史為難之感，然及時補闕，猶有亡羊未晚義，乃不避艱困，以完成此承先啟後之工作也。

其一

開籍河東郡，流芬潛岳西；世家崇舊史，喪亂考新稽；
祖德青雲外，宗風白日齊；追源同一派，榮辱譜書題。

註：余宗自河東郡南至安徽潛山西鄉。

其二

世變分門後，相親文字中，託蔭才質異，敍譜儒書同；
冊籍驚初問，兄才誓始終；羈程為客日，心繫舊家風。

註：此次修譜，族兄責重事繁。

其三

追遠公堂去，來從賢德門；家聲敦末俗，譜系勵玄孫；
海外新生在，庭中舊業存；僑民同我淚，宗老認乾坤。

其四

譜法他年重，潮流此日新；推源當一代，舉目即雙親；
考史家何在，反躬我亦貧；飄零對子弟，作育費精神。

註：海外教育子女認祖歸宗，頗爲不易。

憶遊隨園，兼寄景崙內姪

景崙自京來書，謂將於庚午春二月，移新居於隨園左近
。余少時在京曾遊斯地，追思昔遊，以答景崙也。

其一

四十年前曾記遊，隨園未盡眼中收；江南戰火侵王地，
誰問書聲舊國樓。

其二

淡泊衣冠四十回，榮華心事付春灰；倉山築室思親在，還向高堂問禮來。

註：隨園三十八歲丁憂後，即棄官侍母。

其三

走宦江寧即為家，錢塘才子老京華；江潮縱有富春在，不及倉山詠暮鴉。

註：錢塘江上游曰富春江。

其四

歸隱倉山自辟蘿，江寧花月伴詩過；扶風老去春心在，還見隨園子弟多。

註：扶風馬融，絳帳春風，亦無別男女。

其五

聞道隨園未識愁，金陵花老訪邊遊；生歸浪漫少清譽，詩詠性靈自入流。

註：隨園論詩，以性靈爲主，不拘格律。六十以後，並遊粵，閩、桂諸省。

其六

手足情深祭妹文，江寧慟哭死初分；錢塘有路千江遠，風水羊山付暮雲。

註：妹袁素文歸高氏，仳離後，客死江寧，並葬羊山（在江寧境內）。

其七

西望棲霞迎目開，漫山紅葉寄詩才；書堂猶憶同窗樂，地府修文不共來。

註：隨園祭妹文云：「南望原隰，西望棲霞」。「余幼從先生受經，汝差肩而坐」。「余又長汝四歲，或謂人間長者先亡」。

其八

病裡詩情共藥行，還將鶼鰈報平生；清宵起問相思意，患難偏增伉儷情。

註：隨園病中贈內詩：「宛轉牛衣臥未成，老來調攝費精神；千金儘買群花笑，一病才徵結髮情」。

其九

歌舞三朝及一身，隨園盡見太平春；詩心永共花爭發，
不似兵戈劫裡人。

註：隨園生當康、雍、乾三朝盛世。

其十

歷劫隨園三百年，亭台詩興兩蕭然；君今起作靈光業，
伴吟遺風不負賢。

歐遊雜詠

西元一九八九年四月，余兄弟侍母歐遊，由英倫啟程，
道經法、德、比、荷四國，遇事遣興，不立子目，統曰雜詠

。

其一

列國西歐地，相呼可以聞；衣冠未改色，言語已殊文；

氣象和衷氣，薰風草木薰；關防任我去，檢閱失官軍。

註：車入另一國境而不自知。

其二

騁目開新境，繽紛憑物題；平原生綠意，乳燕試春泥；

日暮逢賓少，天雲護客低；燈花報我處，遙指是巴黎。

其三

白石巍然立，遙知戰伐尊；精神千戶對，風雨一坊存；

島謝將軍氣，官歸故國魂；巴黎城不夜，總照凱旋門。

註：△凱旋門在巴黎香榭大道上，天高地闊，雄偉莊嚴。

△拿破崙兵敗，放逐聖赫勒拿島，後卒於此，歸棺巴黎。

其四

死去英雄久，憑棺始自今；英倫留遺恨，俄主未生擒；

肅穆嚴軍紀，喧嘩此日音；塵封蛛網動，誰敢問君臨。

註：△拿破崙征英伐俄，均功敗垂成。

△拿氏靈柩厝於巴黎博物館旁一簡陋小屋內，無人管理，語聲雜遝，肅穆之氣蕩然。

其五

客裡花都夜，生波應舫開；無歌明月在，有影暗香回；

侍母清謐少，看舟失落陪，霓虹燈作岸，相照幾賓來。

註：巴黎塞納河，貫穿市區，有遊艇供租用，夜間船客較多，蓋以兩岸繽紛景物有足觀賞者。

其六

建築知名久，憑高拭目初；老親留囑望，群眾上階除；獨步難喧笑，聞他有毀譽；百年風力勁，搖落仍高居。

註：△西元一八八九年適逢巴黎鐵塔落成一百週年，維修得法，鏽蝕情形並不嚴重。
△吾母不喜擾攘，僅留地面觀賞燈光塔影。

其七

博覽當年會，獻方法國能；花城先奪目，鐵塔早燃燈；

辨識春航守，還多失路憑；今年逢此日，未約幾曾經。

註：巴黎鐵塔爲一八八九年第一次世博覽會時所建築，作家小仲馬及莫泊桑咸認爲巴黎之恥，如今已成觀光勝景之一。

其八

塔裡商情重，傾銷百貨來；興高多雜遝，意少獨徘徊；

掠影三光界，浮生一劫埃；登臨不負我，憑目望風開。

註：鐵塔高九百八十四呎，可以俯瞰全巴黎市區，內由電梯分達各層商店，儼然爲一立體型購物中心。余重遊興，未暇及此。

其九

藝出塵氛表，鎔情受物多；纖毫看筆調，壯彩動星河；

畫派千神在，風流兩目過；麗莎留一笑，會意興如何。

註：△巴黎博物館，僅匆匆一覽，未及仔細觀賞也。

△達文西名作「蒙娜麗莎的微笑」，用防彈防爆玻璃加強護罩，「微笑」云乎哉！

其十

地鐵交通緊，營生鎮日忙；紛紜留秩序，檢束對冠裳；

文化名都重，層城客夜長；清關無駐守，散亂失歸航。

註：巴黎地下鐵路，午夜收班後，即閉關鎖門，無家可歸者頓失憑依。

其十一

聖母居高廈，須靈不用媒；樑深難縱目，力淺怯登台；

境界無鄰舍，鐘樓有禍胎；前緣隨舊去，體物幾徘徊。

註：巴黎聖母院壯嚴雄偉，卓立群表，已九百年於茲，「鐘樓怪人」一片在此攝製。

其十二

不識新民力，傾權享獨裁；都街留遺跡，皇命冷宮台；
瀏景匆匆去，思潮細細來；春花不記省，獨自對風開。

註：西元一七九三年，法王路易十六在巴黎協和廣場伏法，有碑爲誌。

其十三

西德名都府，傾冠訪樂家；簷聲留古屋，交響著風華；
賓客投觀入，門階落步斜；庭無三尺路，里巷不回車。

註：△西德首府波昂爲樂聖貝多芬故鄉，往訪時適逢星期天，雖門閉而由玻璃窗可窺堂奧。樂聖幼貧，門巷狹窄，參訪者衆，真「户限爲穿」矣。

其十四

投藝師門弟，追求問樂宮；月光留寶曲，運命未篇終；
困賤高人志，才多累耳聾；田園風日好，車馬拜英雄。

註：△貝多芬十七歲時，拜音樂大師莫札特門下。
△三十歲後耳漸聾，然其藝術成就亦漸臻於至境。
△「月光」爲鋼琴曲名作。「運命」、「田園」、「英雄」等，均爲其交響樂名作。

其十五

環境天高靜，村塘見水文；觀光徵事業，放牧展耕耘；
食理求精簡，從容定氣氛；霓虹燈影處，投宿客紛紛。

註：西德境内，處處呈現安詳繁榮，村野具城鄉之美，使人留戀。

其　十六

位比皇都近，童齡展便姿；尊嚴無筆討，藝術寄心思；
過客憑車去，流泉鎮日持；人情分物理，接口邁清池。

註：比利時首都布魯塞爾，離皇宮不遠處，有一撒尿男童塑像，立於一牆角，此塑像成於西元一六一八年，仍栩栩如生，日夜噴泉（撒尿），遊客常以口承之。

其　十七

日色晴光好，荒村四五家；平原餘蔓草，野老失喧嘩；
紀念留高塚，談聞只獨家；停車看立馬，昂首戲昏鴉。

註：△滑鐵盧在布魯塞爾南，西元一八一五年英、德、荷諸國聯軍敗拿破崙於此。

△此地爲平原。紀念塚旁有一售紀念品之小店，店主喜談當年事。

其十八

百戰英雄氣，功虧只一場；聯軍三敵愾，問帝幾星霜；

地小無名籍，鋒多死國殤；河山誰是主，草木共蒼茫。

註：△滑鐵盧本爲一無名之小鄉村，因拿破崙兵敗於此，遂名揚中外。

△在七小時激戰中，雙方計陣亡八千人，戰馬死一萬四千匹。

△拿破崙意在稱帝歐洲。

其十九

造物程功少，平洋出陸多；飛雲護畜牧，車水調風波；

去脈無歸主，來龍誰識何；天防不設險，海氣即關河。

註：△荷蘭全國陸地有四分之一低於海平面。無山林之秀，有澤國之美。

△風力水車，處處可見，蓋爲調節水患也。

△晴日極少，多陰雲天氣。

其二十

水道通船去，運河連岸回；觀光賓客在，攬景相機開；倒影高樓淨，迴波畫舫來；蔭濃留有路，舉步即街台。

註：荷京阿姆斯特丹，全市運河縱橫，舟車交織，蔚爲特色。遊客自船上攝下兩岸街景以爲紀念。

其廿一

地利生財意，傳香到眼期；賞花違俗物，看色有清姿；漢主留功遠，荷蘭訪舊遲；專程今日事，寸步戀芳時。

註：△荷蘭氣候潮濕，有利鬱金香栽培。

△阿姆斯特丹附近一鬱金香花園，名聞國際，花開季節，都人仕女，絡繹不絕。

△鬱金香原產地爲我國，漢代經中亞傳到歐洲，而集所有品種之美於荷蘭。

其廿二

力作扶輪子，看花問野忙；門衰罹戰禍，親老失歸藏；
雨歇春雲在，園芳底路長；鬱金香自發，回首對高堂。

註：參觀鬱金香花園時，母因行走不便，藉輪椅暢遊斯園。

其廿三

行到清園境，開懷未許歌；風生香冉冉，禮敬髮皤皤；
路走春沙淨，裙移夕影多；相逢同一笑，此出各關河。

註：鬱金香花節，全球賞花人士雲集斯園，衣香鬢影，極一時之盛。

其　廿四

園藝斯邦傑，瓊華見力耕；詩書留道義，花木養精神；
探理生心境，採風啟物情；荷蘭春日好，煙景紀曾行。

其　廿五

道是尊嚴重，無人問瓦瓴；寂然春鳥靜，去矣草階青；
紀亂名偏講，烽多理不聽；相期新世界，戰後幾霜經。

註：國際法庭設在荷蘭海牙，余經其他，只見門階寂寂，春草猗猗。

其　廿六

遊樂新園地，門開未有停；兒童屬上客，科技定明星；

啟智航空大，交流電子靈；才多能報國，博物勒貞銘。

註：荷蘭京郊之小人國，舉世聞名，凡一切聲光電化之現代文明，無不縮影其中。

其廿七

設計千家智，高光一代人；開來出耳目，研物鬱經綸；

推理沙盤重，從風水木親；措形天地外，緩步擬居民。

註：在小人國內緩步而行，頓覺山岳崇樓均只及足踝，心理上，另是一種舒泰。

其廿八

靜夜濤聲起，風聞天地間；客程餘展轉，水國遠關山；

不寐親恩大，有勞舍弟艱；荷蘭留記憶，江海映慈顏。

註：荷蘭爲歐遊最後一站，是夜投宿於一海濱別墅，夜間，濤聲擾人，毋不寐，弟亦起牀侍之。

其廿九

萬里風雲淨，從親訪國遊；衣冠天下去，旗幟望中收；
財貿通疆界，機航到海頭，河山不識我，白日照西歐。

註：車經阿姆斯特丹機場外高速公路上，瞥見停機坪上漆有青天白日滿地紅國旗之華航客機，異國相見，心喜無比。

其卅

散影乾坤大，回車萬里遊；和衷天下計，開泰漢家求；
水土通人理，亞歐並國洲；放懷同一日，轉景不須愁。

註：歐亞大陸，地緣相連，時差亦僅早晚之分。

春雪

歲次辛未，清明後五日，本地大雪，故鄉俗諺「清明斷雪，穀雨斷霜」，驗之異域，未必然也。

其一

農諺傳鄉久，天情定可期；觀星微物候，察地認春時；雪自清明斷，霜從穀雨移，言尊對俗事，百代各深知。

其二

漫作花飛舞，雪深隱道深；天高能潤物，色白易驚心；灌溉爭溶水，歡呼起落禽；高原久為客，泥路老青襟。

註：本州（懷俄明州）屬沙漠氣候，雨水稀少，春雪驟降，歡忭異常，居民常爲溶雪流向而起爭

論。

其三

雪壓花初重，清香失舊聞；尋芳無處所，落筆冷書文；
色舞驚春夢，姿分遠漢雲；時維三月暮，萬物苦寒氛。

其四

撥雪尋春筍，杯傾對布衣；山雲留曙色，廚味飽芳菲；
骨健冰凌少，泥多犬印肥；豐年徵景氣，父老喜天威。

註：昔日故鄉亦視春雪有助農事。

其五

野路溶溶濕，春童處處忙；清溝三里外，競技一方長；

晚飯從親喚，短衣映雪涼；山光共月色，行健漢家郎。

註：幼時鄉居，喜與群兒引路旁雪水入河，先到者爲樂。

有感

其一

五穀從分記昔時，田園春色助詩思；尊前有女織農少，筆下無花傀事遲；漫説遊方經濟大，敢將立教辯心危；傳承文化無今古，隔絕因緣總費辭。

註：幼時生長農村，對農事農時記憶猶新，客居異國，偶與兩女語及農村情景，皆辭費無功。

其二

少小耕耘對事躬，和陽細雨四時同；書聲不廢公田業，柴斧輕從祖父風，看水流程春日遠，試裝養足草鞋中；村雞報我晨昏曉，語到歸時力已窮。

註：少時在家隨祖父務農。

播種挑蟲記憶真，施肥灌溉憑尊親；雲從近出知晴少，花自清分識果貧；搭架瓜棚生地利，開誠妯娌在人倫；烽煙逐我三天外，不見村橋萬里春。

其四

並手辛勤望國清，家風家業老山城；蓑衣臥巷知更永，蝙蝠捎情識月明；探水窺魚增記趣，撞蜂落蜜問經營；雖無科技光年代，自有心香共佛行。

題北京亞運會

第十一屆亞洲運動會於西元一九九〇年九月二十二日在北京開幕。先是，積弱之國，二次大戰後，躋身世界五強之林，此次更以病夫之名，主辦亞洲運動會，撫今思昔，感奮交集，乃成斯篇。

其一

華胄開新紀，病夫此日除；堅強看體魄，戰鬥異兵書；
美力千人賞，狂飆一代餘；黃龍多紫氣，猶照遠方居。

其二

文武兼才德，風霜不病身；舞雩先聖道，射御讀書人；

體運陶公力，雞鳴祖逖晨；北京風日好，行健有精神。

其三

日色名都好，高秋定賽程，喜心看亞運，握筆寄詩情；漢祖垂功遠，唐風健力清；鵬飛千里外，壯翮助長征。

其四

對岸炎黃努力多，錦標分佈漢山河；撐高舉重兩無敵，鳴射翻身一樣過；信是英雄猩手足，敢將運動付蹉跎；輝光還照蓬萊去，未許傷心歎逝波。

其五

兩岸相分別有旌，公開互奉漢家情；平津改盡他年去，蓬島初成使命行；言語同歸天下氣，凱歌有異海濱聲；艱難華族艱難盡，應是風光問日程。

其六

捧心西子收紗去，強健釵鬟出賽來；有美能爭天下業，無堅不克場中才；飛騰比足英雄氣，顧盼還餘巾幗顋；北國高秋晴日好，風光從此為君開。

註：中國大陸女選手所獲獎牌數，占該隊獎牌總數六成以上，令人刮目相看。

其七

鍛練身心涉水過，農工農具兩肩荷；出耕不愛鉛華重，汲井能吟體力多；朝露敷容均健美，夕曛照影比溫和；自由平等添深義，婦命新潮下漢河。

註：據德國奧委會主席卓依格分析：中國大陸農村女性，工作勤奮，體格強健，參與競賽，故成績出衆。

其八

依序唱名授獎台，萬方爭羨美身裁；無分燕趙男兒地，同是炎黃子弟才；拊掌遙呼天下應，轉機靜待匣中開；病夫藥裹他年去，喜見珠光出衆來。

註：每日由電視轉播中得其喜訊。

其九

優異炎黃隔海分，發揚蹈厲各冠軍；精誠難定他年定，辛苦期聞自在聞；少棒揚威天下業，神州開健亞洲雲；皇皇世族無多怨，競比殊勳作國勳。

海外新正有感

余跡寄他邦，心縈祖國，每屆歲末新正之際，常興家國之思，親恩之念，手足之懷，兒時之憶，師友之情，茲篇所述，蓋類此也。

其一

天際為家日，心馳舊國春；山橋生我地，白下寄尊親；浙水流歌盡，閩城就學貧；兵聲三月動，海路出風塵。

註：〈余故里名板橋，爲一風景絶佳之山林。

△歲次己丑，由閩赴台。

其　二

新正仙霞嶺，春寒萬木中；蕭森對母弟，俯仰聽天風；梓里潛山在，心旌滬上同；分年催涕淚，戰火問江東。

註：△戊子，由京赴浙，次年新正，經仙霞嶺，由浙赴閩。未幾，先父亦由京移駐上海，時局更趨緊張。

△所乘為敞篷軍用卡車。

△余安徽潛山人。

其　三

不見生人地，相歔草木寒；賊深兼嶺去，命賤付屍看；

春酒充腸在，薤歌凝露彈；丹心死國難，澗水哭君乾。

註：仙霞嶺形勢險要，匪患甚烈，余經其地，見一方遭搶劫之現場，令人悽愴欲淚。

其四

肅穆兼行裡，相安寄一兵；孝亡其涕淚，依偎付精誠；山鬼哭歌盡，春城入夜明；年風仍飲宴，寂寞故鄉情。

註：〈出仙霞嶺即爲浦城，此城民風淳厚，物華豐茂。〈爲戎備搶匪，有兵隨車守衛。

其五

相送竈神去，開頻此日回；兒童可問禁，煙火不生災；灑淨難廚媳，烹香展婦才；人間留酒食，潔盞奉君來。

註：臘月二十三日竈神返天庭述職，新歲午夜焚香迎回。

其　六

壓歲金錢在，童歌紫氣來；慎終分酒奠，拜老逐顏開；
火燭明房淨，呼盧逼夜該；天倫共此日，滴漏莫相催。

註：△除夕，新正例須祭祖辭歲，長輩分壓歲錢、點年燈、拜年等。
△呼盧即賭博聲，所謂呼盧喝雉是也。

其　七

聯語分門戶，高才看此中；衣冠老世第，翰墨舊家風；
詩賦春台在，文章子弟攻；創新追寓意，到目未輕同。

註：春聯貴不落俗套，爲年景之一。

其八

酒節隨春到，開杯有醉翁；問安仁里重，拜歲外孫同；錦席千家客，芳華一代風；讌歌從此去，賓散落花中。

註：先外祖父，美丰儀，擅詞章，好賓客。

其九

部署分碉堡，警班到夜更；放懷當士氣，對酒亦干城；春正多心戰，兵威見國情；潮聲催令去，寸土是軍營。

註：庚子除夕，余正服役於小金門。

其十

袍服新初易，來從海嶽城；兵戈今夜定，喊話應潮生；

春水他年淚，鄉音此日情；移杯不敢問，戰鬥令分明。

註：大學卒業後，即于役小金門。

其十一

宴動槍林氣，尊傾海國城；賞心諸士卒，待命漢軍營；

歌歇清芬露，星移下夜情；水天春色近，竹幕有深兵。

註：每一班哨海防，均自設廚房。

其十二

彩飾兵門地，青年戰志高；狂書看士卒，鼓舞逼風濤；

肝膽生平在，戎衣繫國牢；柳營功不捐，點將屬君曹。

註：軍中春聯，皆爲戰士手筆。

其　十三

水落邊防近，長官囑望深；武裝巡夜警，控犬厲兵心；
海氣征年得，物華元日臨；更行無假燭，密勿肅軍林。

註：落潮時，岸距縮短，警戒加強。

其　十四

記識風霜貌，相從僅一年；長懷春酒日，指戰暮煙前，
形象中興在，肝腸舊國煎；河南愧未到，軍旅屬兵連。

註：侯連長，河南人，有燕趙風。

其　十五

喜自新年得，光增戰地春；親恩通海路，品物異風塵；

筍氣開盅酒，椿香逼水濱；從征三載裡，努力赴艱辛。

註：戰士多於年前接到家中寄來之食品，多為其平時所好者。

其十六

並讀師門下，相呼敵壘前；討論諸子學，黽勉漢夫肩；

兵令書生貴，春愁戰士躅；賞心共夜色，舉火即烽煙。

註：大學同窗尉天驄兄亦於春節前于役小金門，戰地相逢，倍感親切。

其十七

分袂宮牆日，聯軍戍守初；興工固壁壘，通信問年疏；

兵法枕戈讀，詩情護國疏；海疆同此夜，持戟待更除。

註：余服役之九十九團及天驄服役之九十八團，分別擔任小金門之正面防務。

哭誠鐸弟

誠鐸為吾二叔之長子，三歲失怙，不幸於其母逝世之次年（戊辰），竟以喪聞，天涯羈旅，誠不知何以為懷也。

其一

多難夭亡早，開函回首初；通書喜問答，提事必耕鋤；
從約先人裡，永安世代居；雁行秋去遠，聲斷不歸余。

其二

猶記叔初喪，同哀孝子心；麻衣春雪重，幃幕淚雲深；
問父無靈應，拜棺有侄吟；家門多險釁，落日漫寒林。

其三

孀母前年去，追旌客載聞；事親推孝道，哭弟遠孤墳；
勤力家風在，宗蔭子弟分；歸來百劫後，誰共話松雲。

竹之戀

竹與緯度有關，美國黃石公園無竹，蓋以此也。

其一

黃石公園疊葉深，也曾信步訪春蔭；緯分竹影歸清夢，
只有高材漫作林。

其二

筍氣衝泥不用栽，味兼清素費人猜；少年爭食新盤日，
誰問初成綠竹來。

其三

最記耕耘祖父恩，披荊護筍到深根；生機展現春寒後，方見殷勤潤物魂。

其四

風下青林隔葉聞，蕭疏不似赴征軍；書窗剪月初來影，化作詩情細細分。

其五

竹葉添香不自尋，田家野院綠陰深；歸禽不損青枝意，只藉清風爽物心。

註：余外家有一大片竹林，經年有群鳥來集，鄉人號曰「竹林鳥」。

其六

種異方從黑竹開，此君稀物憑天栽；艱難四十流年去，未許紅羊帶劫來。

註：余故里有黑竹林，爲笛簫之材料。

其七

冷洌山泉暗路通，分明物理與今同；長流不減江河水，多事還須論竹功。

註：鄉人以竹打通關節爲水管，引山泉到家，殆爲原始之自來水歟！

其八

清暑他年竹扇行，蓬萊初見少輕盈；知君氣比鴻毛重，贏得清風異樣情。

註：初抵台時，始見竹扇，青芬之氣，非羽毛扇所及。

其九

高下難分建築功，青松紫竹混相同；雕梁看木千株在，不及精神一節中。

註：竹亦爲建材，宋王禹偁曾在黄岡建竹樓。

其十

露下清宵臥竹床，龍山戚里舊家鄉；分明不少前塵事，獨對星河記憶長。

註：暑夏，日初落，余外家即移竹牀至户外納涼，幼時居外家，喜臥竹牀，數繁星。

其十一

夢到驚魂竹裡分，清明散盡枕間雲；依稀有約先前記，醒把詩情問此君。

註：竹枕清涼，有助入夢。

其十二

士氣先感志氣行，國防體育壯軍名；爭攀百尺竿頭上，仰首雲霄又一程。

註：昔年在軍中，爬竹竿爲國防體育項目之一。

其十三

深牆初接春林外，祖澤寒門自布衣；筍氣由來隨地發，廂房今日見天機。

註：故里老屋，牆外緊接竹林，某年廂房有筍初出，家人稱奇。

其十四

安慶看迎竹筏過，頻年江漢定風波；棟梁礎石兩無用，惟有空靈使力多。

註：在安慶初見竹筏，江民以爲家，心甚慕之。

其十五

淮北江南憑竹封，清時有味定從容；貧兼兵火無多食，愧對尊親説孟宗。

其十六

品物多從竹裡生，匠工作蓆向山城；陰涼有性如流水，
不及親恩拂簟情。

其十七

威起師門問業成，竹枝重建舊書聲；山塘一別春風遠，
最憶松岡送我情。

註：幼承塾師啟蒙，放學後，並護送過山岡（館與家僅一山之隔）。塾館所在地曰塘坳，蓋以塘
得名。

其十八

竹箸招搖過遠洋，西賓非比漢家郎；口兼眾味通生理，
難識中華外一章。

註：海外中國餐館，竹箸備而不用。

其　十九

學子辛勤苦用功，銘傳竹管百家同；文房四寶甄多士，更藉章華漫筆筒。

註：幼時在故鄉讀書，以竹管自刻筆筒，銘文幾全爲：「書到用時方恨少，事非經過不知難」。

其　二十

籤作書文若等金，欲將休咎此中尋；竹生寂寞知人少，惟就神龕會佛心。

其二十一

蘆葦編門未是貧，書香鬢影暫封塵；不將竹舍分高下，同是衣冠劫裡人。

註：昔年余初抵京，自下關到中華門，均是蘆竹等編成之難民營。

其二十二

箔隔飛塵護學風，芸窗藉此問書同；簾波竹影三千士，不倦精神節節中。

註：昔年台灣學府，向陽窗户多以竹簾擋日。

看大陸風光影片有感

其一

懷土平生志，仲宣去日情；蓬萊新歲月，禹甸舊書聲；影裡山河美，燈前衢路清；今宵從夢床，歸客故鄉行。

其二

水國江南道，樹塘北路高；虹光掩日暮，鳧雁落青皋；墟裡吹煙直，園中採婦勞；情隨千里去，鼓舞興滔滔。

其三

異俗西南地，名聞傳至今；空靈承雨雪，虛氣養松陰；弔影山雲外，看棺草木深；土流浮大化，無悶聽鳴禽。

註：西南地區某少數民族，有懸棺葬習俗。

其四

氣走長城道，靖邊北部高，尊嚴防牧馬，汗血屬功曹；地理清標在，精誠向國牢；觀光隨影動，考證問書豪。

其五

文物龍鍾地，興亡百代春；江山留故國，戰亂滯歸人；

少髮懶梳洗，賦詩總覺貧；更深戀暮影，無語獨傷神。

題蒲公英

北美院落均植草皮，但蒲公英亦寄生其中，西人以其非類，鋤而去之。

其一

綠葉青青意，黃花疑國魂；再生今日事，漫羡昔年根；

水土從無異，精神別有尊；芳時三月盡，回首又乾坤。

其二

入境已從西俗去，嫩黃偏對一園開；青春有色酬知己，
白苜無端問劫埃；地理分明天理在，人情不許物情回；蓬飛
萬里知何處，總向春泥認舊來。

贈春琳外甥

其一

逆水新橋舊日家，無邊岸柳迎風斜；青春有色尊前少，
等是鄉關去路賒。

其二

生死情留舊國風；當年劫火未曾同；身經兵馬歸來日，
伴我名山一卷終。

其三

宅相今知汝最親，書華數問未歸人；鄉情動我思鄉淚，

怕見車塵想劫塵。

其四

犬吠雞鳴昔日聞，山溪引水萬家分；高林落月風初暗，

還把驚魂説與君。

其五

故里清溪把釣竿，兒時舊夢枕邊殘，與君書話從前事，

未及高峰寨水寒。

註：高峰寨爲故鄉山名，諸河流之發源地。

掃葉

客寓四周，前人栽樹多株，秋盡，掃葉，為余每年例行事也。

其一

大氣徵時至，金聲逼樹過；振衣除敗葉，努力抗風波；
物理平秋盡，園容褪色多；蕭條對異客，八載此山河。

其二

不是森林地，偏多土木情；賞花才去日，下葉已秋聲；
應俗都鄰淨，消憂步履輕；清新潤耳目，工作有書生。

其三

種樹前人去，承班此日來；分工各異代，培育同高林；
風土催時易，興亡掃葉開；秋園平野蔓，境美待官裁。

註：美國鄉鎮設有環境檢查員

其四

躬曲添新日，柴門記昔時；高林三代木，廢物一秋枝；
惜力傳家久，吹灰撥火犀；村中留盛德，掃葉總心馳。

註：昔日故鄉，敗葉亦為燃料之一，但需不時撥火助燃。

其五

運氣秋陽裡，辛勤為整園；枝多徵雨露，木落贈乾坤；
宗祀中原闊，衣冠孔孟尊；清勞不減夢，去葉問歸根。

哭劉伯母李惠芳女士

其一

定府京城外，訪從喪亂秋；追歡溯戚好，感舊對儲劉；地共皖江水，山通兩姓樓；萍蹤七載裡，親故漫歸休。

註：△劉儲兩氏有姻親之誼。

△劉府爲安徽霍山，余潛山。

註：劉府於民國三十七年寄居南京中華門外，余初謁伯母於此。

其二

白下江風老石城，芝山海氣動秋聲；兵林結伴雙門義，母德依仁萬古情；雖未分香呼姊妹，也曾執手拜精誠；蓬萊葬盡知音淚，難為萱堂問此生。

註：家母與劉伯母近半世紀相處，情逾姊妹。

其三

露下芝山萬木中，蕭條不獨劉家同；平生走府貪飧味，
此後開門少母風；背景隕他多涕淚，京城拊我自兒童；江湖
散落千波外，未向露前鞠薄躬。

註：三年前返台，見伯母病中背影，步履蹣跚，一時興感無從。

恭賀李肇東（元簇）先生依法當選
中華民國第八任副總統

其一

綜理秘書府，賢勞輔國深；三年公牘吏，一氣布衣心；
講學靈光業，投艱志士襟；文章為世用，起敬在儒林。

其二

形象催新紀，勳榮動選台；乾坤今日定，總統副公來；
博學無兵馬，清登仗國才；殷憂能啟聖，湘水嶽中開。

其三

苦疾明公久，憂腸上國初；三湘多耿介，二豎未深除；
講義和衷在，分勞領袖餘；天心通治道，符命託醫書。

註：在美閱報，敬悉先生因政務辛勞，以致宿疾（胃潰瘍）復發，正養．在院。

客居即景

客居美國懷俄明州，由於海拔較高，緯度偏北，春雨易得，秋雨難期，感懷興起，豈惟雪景乎！

其一

落木新裝憑雪題，崢嶸偉岸護春隄；歸來蜂雀青枝少，紛向根前認舊泥。

註：蜂雀爲北美鳥類之一。

其二

抖擻精神好自飛，輕盈蜂雀狎天威；茫茫不識家何在，惟見新來素裡肥。

其　三

覓食方知子雀存，啄開乾果哺兒孫；羽衣散護春寒在，雪裡歸禽見物魂。

註：宅後院有野蘋果樹一株，入冬，實仍在，蜂雀爭以爲食。

其　四

輕肢著地寫初文，蜂雀書懷未識君；記得獸蹄兼鳥跡，從容圖書釀氤氳。

其　五

不必尋芳到別家，鬱金香自著中華，何期春雪風寒夜，摧我庭園一片花。

其六

尋花問柳到春泥，天地精華共一題；推想金風摧綠葉，寄身何處不淒迷。

其七

清陰送景到書堂，春裡詩情待日揚；不是江郎才去盡，漫天風雪少文光。

其八

放馬郊原未有鞍，八方雨雪作天欄；周旋不改艱危地，守約還期主人看。

註：冰雪之中，常見馬群，為此春郊一景。

其九

雪氣相淩匹馬身，卓犖毅力未曾貧；生當北美逢恩主，不使清蹄染劫塵。

註：此州人士養馬，係「賽馬」，非「戰馬」也。

其十

縱橫立馬兩山間，放牧無人自在閒；瑞雪難開晴日道，相斷物力濟時艱。

其十一

未計來時看雪花，乾坤一體舞龍蛇；山溪飲馬冰河在，方見春泉是物華。

其十二

改色山河稱北美，春寒此地未曾休；詩書流落新洲外，
檢點還期舊國樓。

註：余書籍均留在台。

看北美印第安人歌舞。

北美印第安人，向以善歌舞著稱，如今歌舞依舊，而觀賞者寥落，是其藝之不能，抑潮流之不我與歟？思之茫然。

其一

老健從心舞步多，銅鈴響應舊山河；生存違使英雄力，
易俗還輸時代歌。

其二

懷抱依然對眾開，鑼聲響鼓自登台；驕陽減我三分熱，猶阻金風送客來。

註：露天表演，觀衆寥落。

其三

唱作功夫自有成，無邊歌舞漫相生；祖風演出經過地，傳統新潮混一城。

註：△印第安人多世居保留區城。

△父祖輩表演傳統歌舞，兒孫輩則只知現代歌舞矣。

其四

健步初移足下同，團圍相拜有深功；新潮走運新生代，不及山家舊舞風。

其五

傳統斯時可保留，有心預作此千秋；潮流變去精華在，萬古風帆應未收。

其六

變法能強出俗塵，脱胎仍見舊風神；艱難自古垂功業，不作新潮浪裡人。

奉贈李恩國先生

先生在英倫創辦「亞歐評論」，艱辛歲月，十載如斯。

其一

十載艱辛不帝泰，英倫花月早逢春；長歌燕趙男兒志，總奉金台勸國人；老健聲名通海外，鼓吹影響大江濱；文章負我平生去，還與明公共一貧。

其二

謀道英倫有遠聲，精誠廣結作干城；深兵不奪尊前志，強理難移筆下情；力倡漢家歸一統，心回正義見分明；書懷付卷邀人賞，還把流光照後生。

註：五十一期卷末「編者之言」最感人。

其三

冷戰寒雲漫五洲，中華道義賴公求；持身不計金錢地，立論還同上國舟；久唱炎黃天下業，憑尊洙泗漢宮秋；承芬賞我耕耘趣，漫作新詩卷卷收。

春贈吳春晴委員

八閩文章地，詩情南國多；中興憑亮節，正義流清歌；立法傳勳在，贈書命子過；無緣親府第，遙想幾春波。

註：春晴先生爲資深立法委員，亦爲詩人，其子爲余在台任教時之學生。

春贈梁捷紓詩兄

捷紓詩兄於辛未年（公元一九九一年）十月中旬自滬來訪，神交已久，卻無緣識荊，此次在美相聚數日，樽酒詩情，快慰平生。

其一

相逢異國即相親，同是兵戈劫後人；滬上晴雲通海日，尊前步履印霜辰；河山峻險留天塹，眾望昇平靖戰塵；有約還期君臨去，詩魂運啟國魂新。

註：捷紓兄來訪，正是寒露後五日，故有第四句云然。

其二

知君數理屬專門，興趣兼餘詩賦尊；多識蟲魚通聖道，免孤科學對乾坤；另尋角度窺文質，敢啟精華定討論；浪擁新潮耘舊物，相期不並俗波奔。

註：捷紓兄主修數學，自謂詩係其興趣。

其三

陶冶心靈久廢辭，勤工屬我問風遲；西潮不解漢家運，北斗難傳李杜詩；到客清秋出筆令，關情舊國祝佳期；今宵露色隨君發，裝點相逢到別時。

其四

寄跡他鄉在避秦，炎黃海外倍相珍；平居禮義總先讓，招待賓朋等故親；摛藻看居真健步，談鋒愧我少經綸；慵多未掃階前葉，踏作秋聲為洗塵。

其五

地界偏荒少國人，清居疏冷漢風神；魯書斷筆千秋定，楚賦招魂百代親；詩禮傳家心上事，廳堂訪我座中賓；尋章接句開筵好，拜命分題酒後春。

其六

酒在深宵殿力豪，傾尊勇往興滔滔；江山北國風雲重，文化南都紫氣高；水漲春帆回夏業，書歸故里出官漕；河清海晏他年定，還待君臨接萬艘。

其七

學術文章愧未成，周旋衣食負平生；金錢定出西方俗，道德追隨舊國情；開府鄉關同我境，仲宣目力望沙晴；江南淮北君先到，獨羨青春領舊程。

其八

出鄉猶是望鄉情，漢水華雲問過程；美北空高無雁影，江南秋盡有君聲；掩書難捨清時想，切韻還思輔國明；把酒相逢期別日，春申煙景落江城。

哀鴻二十韻

歲次辛未（公元一九九一年），夏，五、六月間，江淮汎濫，災情波及蘇皖等六省，災民逾億，每日華語電視台將最新災情播映觀眾眼前，滔滔洪水，哀哀災黎，竟是昔日之故鄉，遊子實不忍卒睹之耶！

洪水平天發，江淮沈沒深；昔年生我地，今日雨浸霪；浪捲千村土，波撼萬里心；良田變危境，洪埋夏木陰；斯民罹禍水，柳岸失鳴禽；悽側動皋邑，仙靈冷熱忱；瓜棚流逝水，鵝鴨浪擊淋；殘食分杯盡，洪峰徹夜侵；舟楫先寄命，桅竿入村林；飄蕩無可泊，家亡有淚吟；流離同骨肉，傾懷若在襟；鶉衣難蔽體，露榻若無衾。紅朝多失政，濫伐曠蕭森；物態轉戾氣，人禍見於今；圍湖悖理論，洪澇在相尋；炎黃承美土，歷代珍如金；柴斧封歸早，河山懸令禁；水土重保持，調節自分任；天情有大道，禍福鑒昭臨；閉目難為息，哀鴻天外音。

有懷舍弟十二韻

報我家書到，開懷在雪晨；忠良繼父祖，康慨動英倫；謀計平生拙，歸心求道真；清居隨染翰，得意若無人；譜策宗風老，詩看舊國珍；莊嚴遺庭訓，黽勉在斯展；沒世名俱滅，孔門不獲麟；周旋多應對，體物孕經綸；僑社輔邦重，干戈亂紀頻，推誠相力並，團結奉公新；鴻雁傳音政，鶺鴒隔漢春；憂時驚劫淚，困累更思親。

奉贈李木子先生

崇岡天文淨，詞華哲匠新；分光同海曙，拔俗出精神；儒教明公正，風流舊國親；吟章留我處，昔共講書晨。

春贈顧校長建東先生

有藝深功養，臨池積學回；含毫心轉重，運勢手初開；氣秀承生理，鋒餘見逸才；詩書共一道，並硯陪公來。

故顧董事長懷祖先生悼辭六首

懷祖先生之喪，在余離校赴美八載之後，追憶前程，賓主之歡，投契之美，時存腦際。近奉木公詞長賜示敬悼懷祖先生之作七律一首，爰步原玉，用述追思，且兼請益。

其一

異國平居未夢奇，噩音今到怨風遲；追隨謬許清才俊，死別平安惟地知；創校弘人傾力計，歎花有序應公萎；撫棺違我千秋恨，素幎仙雲賸舊思。

註：校園花開，懷祖先生嘗對余歎曰：「先開總先落，先生總先死」。

其二

山林日坐望山奇，蟬唱相隨總不遲；破土新開天地計，放心只許聖賢知；書聲朗月秋詹重，壯志明公風露萎；展轉他鄉封舊業，難將枯寂寫哀思。

其三

開書教學在搜奇，愧負年華問事遲；岡上清風公激賞，燈前玄惑我曾知；生嫌物欲高人境，誰見金才逼紫萎；死去應無歸去恨，精魂長繫校魂思。

其四

逢人善飲自輕奇，邀約春風共日遲；酒裡乾坤傾獨到，
尊前參佐許親知；墾栽校樹隨公長，落盡斜陽穸夕萎；暮色
青岡誰問好，白雲深處寄深思。

其五

作始精神作命奇，昆仲輔校感欽遲；東郎捷筆能恭讓，
兄府開顏顧弟知；我羨鶺鴒分患難，誰堪手足問凋萎；晨曦
指訓青年日，老去心思賸再思。

其六

捐館匆匆怨數奇，同仁無計請公遲；山樓美景虛風響，

地脈清泉怯病知；石色難扶氣色盡，雨花摧並靈花萎；他年
帆海回航日，應是鬢絲領墓思。

贈謝李木子先生

木子先生教課之餘，雅好吟詠，近裒集其歷年作品，都
為一集，顏曰：「木子詩稿」，付梓既竣，承頒遂來，拜誦
之餘，以小詩八首申謝。

其一

報我新詩別後來，射陽風義仗公裁；扶鞭汎愛三千士，
海唱春雲並日開。

註：射陽岡爲校址所在地。

其二

凌雲健筆寫中華，自築宏規作帝家；滄海情懷分與我，
衣冠寥落共天涯。

其三

傳道分年到射陽，識荊初荐漢衣香；頻逢課後驚回首，
互為新章定句忙。

其四

木鐸金鐘久未聞，西風不解漢書文；貧居醒我他年事，
冀北星回託海雲。

註：先生爲河北人。

其五

八載華洋混定居，斯那幾望故人書；校園別後春常在，
只少詩靈獨付余。

其六

業廢他鄉負友生，往年也擬結詩盟；萍蹤已逐流雲去，
更少仙槎送一程。

其七

有負清交別國門，文章市肆兩分論；商情不及詩情重，
愧對明公溯自尊。

其八

思緒紛紜自在心，詩成難對故人吟；相逢市井無知己，異國風雲冷古今。

遊丹佛某花園

園在科羅拉多州丹佛市區內，辛未（公元一九九一年）初夏往遊時，部份地區尚在興工，但牡丹芍藥均已盛開，平日俯仰塵氛，此時騁懷，竟物我兩亡矣！

其一

色映名都重，傳香出使親；牡丹分潤渥，芍藥美精神；生理新蜂目，回顏舊國賓；洛陽春水好，花景捧芳辰。

註：△牡丹花源出我國。

△洛陽牡丹，名聞華夏。

△牡丹芍藥，花姿並美，富貴結緣。

其二

平等建邦義，看花可自由；傾冠無老少，定眼試追求；
物應雲賓賞，功從漢國收；園門異雨露，開禁各分流。

註：唐時牡丹身價甚高，爲豪門獨賞，白樂天有詩譏之。

其三

為領花蔭好，圖文解說牢，賓多從細讀，我獨失蕭騷；
還物彌尊重，緣情慎昔高；沿波討去變，未識漢家濤。

△牡丹花介紹文字中，竟未提及其祖國。

其　四

巧奪天工力，花房養木深；寒流難解語，長夏鬱蒸林；
設計開觀念，招搖運匠心；風光總不轉，熱土調清陰。

註：園中有一大型熱帶植物館，牆及頂均爲透光亞克力，終年溫度與熱帶相似，無寒暑之分。

其　五

設景花園內，考觀並一城；穿光日影淨，握筆畫圖清；
去走無歌頌，扶搖礙物情；風雲迴屋外，看謝映平生。

註：館中工作人員，在高溫下，獻身熱帶植物研究，兼作導遊解說，擇善能從，令人欽敬。

其　六

察變開天種，心情易物情；離山疏野路，移室定新程；

甲子從今老，才能混太清；探窺真秘密，宇宙有書生。

註：移熱帶植物於館中，控制温度及濕度，觀其生態變化，有助科技新知。

其七

曲徑通幽處，追前領略新；方肩難跬步，散手各精神；

談笑從妻賞，看花並國親；美光平等待，照引漢衣人。

其八

文字漢家令，松風入眼親；茅簷春日暖，結構歲時新；

訪學無知已，清談若有人；移芳分夏化，書草出東鄰。

註：園中有一座日人所獻建之林園，額匾「松風園」三字，清麗醒目，柴門深閉，籬禁蕭疏，與

我國一般民間農舍無異。

其九

幾見西賓問我回，松風二字費相猜；聖傳道學為修己，
情隔衣冠難用媒；輔佐應兼天下業，隱居養就隆中才；洛陽
渭水傳勳在，猶自清時闢草萊。

註：司馬光退隱洛陽，不論時政，姜太公釣於渭水。

參觀丹佛造幣廠

科羅拉多州丹佛造幣廠，為美國政府鑄造硬幣廠之一，
八年之內，余因緣三訪，亦云多矣！

其一

八年前後訪三回，魚貫分行何用催；等是森嚴門禁在，

金錢不許見兵來。

註：參觀者須經過安全檢查。

其二

見財動念事堪哀，七命金錢少霸才，我欠仙緣為俗客，
幾經身去又歸來。

其三

解說歡迎各費詞，公家依舊重官儀；賓多不許經過久，
未就艱難問鑄師。

其四

投身製造幾經年，輸盡功名到利邊；市井榮華君莫問，

只為金俸鑄金錢。

註：據云：鑄造人員待遇優厚。

其五

鑄造分機各有聲，新來硬幣自爭鳴；群工有語都無力，只望賓樓過客情。

註：△廠內機聲錢聲，嘈雜不堪。

△來賓只能在樓上看台下望，不許「親臨」。

其六

錫疊金甎眼底過，切分鑄造憑工科；光芒暗射邀人賞，不見商山隱士多。

註：秦末，東園公等四人隱居商山（在陝西省），號「商山四皓」。

其七

探機問理到金融，貧富爭看一屋中；回首傾身賓目在，衣冠深處少兒童。

註：參觀者各國人士均有，惟兒童獨少，蓋「金錢」一念，尚未入其童心耶！

其八

含成比例各相通，萬國金錢運不同；位在強權身力大，輕輕能撥一舟風。

註：世界貨幣，材質相同，但通金匯兌，惟美元馬首是瞻。

其九

黃金錫鎳各分場，冷暖人情憑物量；同是乾坤生萬有，
何勞賓客問低昂。

註：展覽金瓶處鐵柵門外加鎮鎖，威重有異。

其十

萬里風行從此行，美元出使美精神；周流歷運更多劫，
誰認歸來舊物情。

註：美元對全球發行，或一去不歸，或回收銷毀，命運不一。

其十一

鑄成貨幣在分裝，檢點安全出廠方，爭利誰評他日事，
莫特理氣問中央。

其十二

國力直憑積力豐，莫增貨幣應虛功；強兵久戰無多假，
浪作金錢運不通。

註：國無實力，惟賴造幣，危矣！

塘邊靜坐

塘位於丹佛動物園外，中有鴛鴦，岸有垂柳，時近黃昏
，遊人漸去，余靜坐其旁，無鬧市之囂，有仙境之美，莊子
謂：「大隱隱於市」，其此之謂乎！

其一

垂柳清塘上，低昂接綠波；煙霏來寂寞，賓客並磋跎；

北美緣今到，南部記昔過；芳姿難見賞，風物背人多。

註：△西俗不興賞柳，故此物不多見。

△昔就學金陵，莫愁湖校園，芸窗春柳，景色宜人。

其二

彩羽文章重，無人問去忙；觀光憑我輩，戲水出鴛鴦；
定影回天淨，裁詩詠物長；相依風日好，比翼即商量。

註：塘中有鴛鴦一對，深情款款，獨邀客賞。

其三

現實無多讓，偷閒競日回；觀塘猶警惕，俯首少徘徊；
花自春林落，鶯歸木葉開；清風憐我去，名利帶韁來。

註：靜觀遊客，均行色匆匆，天機遠而市氣深，名韁利鎖之説，可以信矣。

其　四

榮華雖信美，返服到柴桑；魚鳥山林靜，羲皇白日長；
東籬採菊地，北牖讀書房；境遠心偏往，何勞問市央。

註：△陶潚明為江西柴桑人。
△夏日在北窗下讀書，自謂是羲皇上人。

其　五

責負清園重，應推眾志成；方便多及物，法律作干城；
鳥語青春意，花容粉蝶情；來觀都是客，維護共風行。

註：園內維護整潔有序，顯示賓主雙方守法盡責。

聖誕夜書懷

其一

愛世更關濟世心，敢將聖誕伴詩吟；長春藤蔓空徒壁，子夜平安報在音；上帝芬芳供左右，塵氛混沌失追尋；天高有主難為力，又見中東戰火深。

註：一九九〇年八月，伊拉克入侵科威特，美國及其盟邦，聯兵東討，頓時中東戰雲彌漫。

其二

耶佛分存兩道心，母歸新主我叢林；隨緣世路惟天性，結善他鄉聽德音；聖澤恩親通海祝，明燈作福回星沈；恩懷異國平洋遠，宗教精神各在襟。

註：吾母晚年由佛門改歸天主，現依弟僑居英倫。

其三

有悟何須憑佛儀，緣情仙俗自分馳；詩書修得清明夜，戒定生成不費辭；立足美洲逢聖誕；關懷京國有心期；拈花雪裡違風俗，故作窗前認不知。

其四

寒到今宵雪到門，依然聖誕漫乾坤；彩燈作影三千戶，餓殍流亡百萬魂；爭說衣冠榮上帝，誰知生死有神恩；無邊世界無邊夜，化作思潮細細論。

註：電視播映非洲餓殍，惻隱之心，人皆有之。

題丹佛動物園

美國科羅拉多州丹佛動物園，品種不多，但大部份無攻擊性動物，均採開放式，任其自由行動於遊客之間，頻增物我之趣。

其一

孔雀生靈色，繽紛有羽衣；徵晴歌晚日，起舞動風威；物眾羸偏賞，情多怯突圍；相鳴先振翮，連理別賓飛。

註：園中孔雀甚多，雌雄相依，音鳴相應，但不與人親。

其二

健鼠迎賓動，流觀對物華；接風先足下，訪勝自天涯；

飲食人間世，歸藏草木家；安居公府地，奔逐落風花。

註：園中小鼠甚多，機敏活潑，樂與人親，或隱身草叢，或戲嬉步道。

其三

寂寞慈烏見，歸飛落故林；羽衣多散漫，木露潤清吟；
反哺孤懷久，脫冠白首深；西賓問所羨，我獨聽鳴禽。

註：△白居易詩有「慈烏夜啼」一首。
△烏鴉相傳爲孝烏。又我鄉烏鴉皆白頸。

其四

水色清陰重，鄉園落日斜；三春生鳥語，四季逐風沙；
不是公園地，偏多白首鴉；依稀留記憶，江海釀流霞。

註：故鄉地屬山城，烏鴉極多，日晚啼聲淒厲。

其五

鐵柵分天地，安危一檻中；沈哀今日事，狂霸昔時風；
飢走千山動，威開萬獸空；人間煙火好，寄食未稱雄。

註：檻中之虎，俯首遊蕩，狀極無奈。

其六

老拒愁來問，周旋白首吟；商量無好伴，優待到如今，
狎物常人志，同情有士心；秋山失虎嘯，雲水雨空深。

其七

囿在無消息，圍泥牘作蒿；將來由主卜，借問自心遭；

體物增多識，觀花負昔牢，徘徊憐舊客，乾土裂空槽。

註：園中物類，大概亡失甚多，空檻空巢，隨處可見。

其八

鬧市周邊共，垣牆百畝開；窺禽留野路，駐步有賓台；

探物凝神去，憑觀攝影來；蟲魚皆有好，聖訓作詩材。

註：孔子謂：讀詩（詩經）可以多識鳥獸草木之名，今反用其語。

其九

濃陰隨處有，維護見精心；捎蝶經花過，呼蟬啟葉吟；

風多物力竭，影散路園深；我亦天涯久，羈棲在別林。

其十

機航初響徹，萬類不安寧；展翼驚風落，伸蹄永夜聽；
舉身何處是，抱月問情形，已別山林遠，相衣只客星。
註：斯園上空正是丹佛國際機場航道，班機起降，分秒相接，與森林靜謐氣氛，相去遠矣！

其十一

日暮遊賓少，園情達變多；惜時尊節約，守法飾山河；
品類無新種，風光有足歌；關門餘此步，啟發自經過。
註：園丁以尚餘不足一小時即關門，遂以半價優待，事雖小，足以喻大，並囑逾時後由側門出。

指南宮開山百週年

昔日就讀政大，校址適在猴山麓下，右剎學府，緣由斯
結。

其一

學府雲山共九天，書聲佛法好因緣；朝陽醒夢無多事，
再放光明到大千。

註：指南宮內有祈夢室，香客可借宿。

其二

祈夢何曾事必該，梵音曉唱望雲開；經堂幾度虛前席，
不見同窗報夢來。

其三

紫氣青燈別有神，佛門乇座煉丹民；供香荐酒分人願，
更結蓬萊海上春。

註：除供奉釋尊外，呂洞賓亦在列。

其四

步應清泉氣作歌，叢林曾是舊山河；禪門對我師門近，初下青袍到莫訶。

其五

健步登臨不用奔，自然新境啟新論；黌宮化雨兼多雨，還對山魂想國魂。

註：△政大在台復校之初，由於運動設施暫缺，以登山取代體育課程。

△政大受地形影響，雨日較多。

其六

信仰何曾定一門，漢家禮樂自乾坤；精誠不拘天人去，
再拜風雲到釋尊。

註：儒釋道同尊，爲指南宮特色。

其七

孔門聖教仰高山，香火分餘自在閒，陳蔡兵危天下業，
何勞肉味在人間。

其八

講佛傳經定有人，只緣香火寄精神；天君不解尊前地，
猶對金身想劫身。

註：〈荀子天論〉，以心居中虛，謂之天君。

△佛云人多執著。

其九

淡食清香罄一餐，肝腸易味到必安，犧牲幾亂生平志，忍對春禽啼淚看。

註：少時怕宰殺家畜家禽。

其十

法雨催花帶笑開，煙升霧濕佛樓台；松音動我法音在，相伴清泉共廟來。

其十一

我愛清芬客愛靈，相逢同此到仙廷，煙塵散落千雲外，箔打金錢去不停。

註：焚化冥幣之爐，火日夜不熄。

其十二

廟貌依然想像生，旦花獻祝海山城；八年美雨歐風裡，老去鐘聲更夏聲。

其十三

嘩聲惑眾動仙魂，香客紛忙處處尊；不是聖靈多耳目，只緣求福更求恩。

其十四

月到山門靜到僧，齊房古壁暗春燈；經多韻理供人好，展唱清和愧未能。

其十五

啟我詩思聽妙音，曹劉李杜總關心；山門並對師門在，問法無如問道深。

註：某次，師生曾移課指南宮，聽法賦詩，啟德陶情。

其十六

法語仙心定佛情，蒼茫孽海各平生；因緣果別來時路，莫對今程問去程。

註：籤筒進出紛忙。

其十七

佛果鮮花共一因，黃衣説法老征塵；三千世界原多事，
靖難還須靖國人。

註：星雲法師力倡入世佛法。

其十八

智慧圓融事必通，百年開建指南宮；仙花素果清陰在，
流水松雲運未終。

奉贈木子詞長

其一

援筆初題捷，銜情報國長；兵勳建露布，教育起忠良；
世亂同為客，系多別講堂，詩風凌萬古，太白漢家郎。

其二

喜與晨光起，精華問碧蘿；府深山鳥靜，詩到曙風和；
仁術從公講，清談別我多；著書無客擾，發興自天河。

其三

建校憑高地，天長少日斜；風雲流萬品，挑李自千家；
詰問增書趣，從客對晚霞；清泉嚮舊盟，公府煎春茶。

其四

放心天地外，談笑課間中；業就顧家府，文光孔孟風；
濃蔭隨下路，罄飯討雕蟲；疏冷桃源趣，歸真獨羨公。

其五

晴霧秋來最，混茫演至今；鐘聲初響徹，公義馴蕭森；
立德顏回重，經商子貢深；傳燈不必我，松月照書琴。

其六

晚飯歸來後，從公訪古遊；吐輕風落石，語捷月侵樓；
赤壁三分定，黃圖百戰收；兵戈未解警，畫策亂鄉愁。

其七

諸生歸去後，月色滿秋山；地自平原盡，風歸耳目閒；
清居徵氣象，創作慰書顏；弘道千林對，披忠共土艱。

其八

暮靄生青岳，銜窗暗講台；書聲先物變，法筆點燈開；

勸學真君子，捐私教國材；山城共夜色，雨露應公來。

其九

住宿相分近，時空有德鄰；改文生計重，投帖愧詩貧；野響知風性，心安輔國倫；銜階多夜雨，涓滴答精神。

其十

宿舍容身小，晴霞叩見初；靈光潤魯壁，士氣別顏居；得道能安仰，清神自捲舒；開懷同意志，物外即樵漁。

其十一

炎黃多患難，散落滿江湖；夜露依襟重，燈華應夢殊；艱難仗力走，老健待詩扶；我羨公寧處，安身繼老儒。

其十二

景戀山城最，高林對細流；看花平野水，得句美公樓，無酒憑詩醉，容情慰月留；門招千竹動，作響漢家秋。

其十三

未作名山業，蹉跎自校居；風燈曾照筆，山月勸開書；力薄從心懶，差兼教學餘；折腰爭昔米，報命負今初。

其十四

接語三冬暖，相分暑氣寒；春城多故物，溟海滯孤鸞；望目雲中起，開書別後看；長風能解意，剖句候公安。

異國夜讀

其一

目接清風對卷開，忍抛外務運詩回；精誠嫌我兼多業，生理違他兩樣才；考辨心移今國史，推敲禮敬漢經台；生靈十億生天下，不共山河入夢來。

其二

筆染塵泥血染沙，頻年征戰舊中華；詩書未卒燈前讀，寂寞偏從雪後加；目力隨年傷細字，心思顧影亂如麻，風颺皖水千堆浪，系出江淮一故家。

其三

精神事業隔天求，道德從來拱漢流；不是閑居聽亂世，擬憑韻府望清秋；江鱘吳茆虛樽意，美雨歐風異國樓；提筆難邀君子志，開懷檢點黯然收。

讀杜詩有感

杜詩：「三年猶瘧疾，一鬼不消亡，隔日搜脂髓，增寒抱雪霜，徒然潛隙地，有靦屢鮮妝」（寄彭州高三十五使君適，虢州岑二十七長史參三十韻）。余幼時在外家感染瘧疾，當年逃避「瘧鬼」之情形，由杜詩勾醒記憶，姑不論民俗之智愚，僅知此習俗，其來有自矣。

其一

瘧疾千家畏，相凌亙古今；重裘輕酷暑，烈日冷陰森；
齒戰從心累，魔來入夢深；堅強豈病免，鬼物不空擒。

註：瘧疾爲傳染病之一，多在夏季流行，發時寒熱交替，神智失清。或一日一發，或隔日再發，極耗精神。

其二

戚里龍山重，避災茅屋高；喬裝迴瘧鬼，戰守利金刀；
起步驚簷影，忘情戲燕毛；改衣歸去後，無恙慰親勞。

註：△茅屋爲堂外祖家宅，座落山沖，雲翔燕舞，景色宜人。
△以刀橫門，阻邪。

其三

有病傳歌鬼，飛符覓劫身；摧殘當嗜欲，專斷損風神；
地闊鄉關遠，門衰昨日貧；龍山榮戚畹，起我涸中鱗。

註：余幼承外家濟助甚多，感德念功，惟存之於心耳。

其　四

茅屋春蔭動，難忘母黨風；從親參飲食，袪瘧問兒童；
感激秋魚淨，憑添菜藝豐；不嫌無供給，慷慨舊家翁。

其　五

詩懸老杜第，投效幾經題；霜骨丹楓遠，冰清白雪低；
傾懷同瘧疾，喪亂失春犁；夔府千秋外，風花病屐泥。

其　六

少陵多疾苦，纏瘧已三年；風阻衡陽淚，腸迴杜曲煎；干戈未偃息，跋涉幾山川；詩國傳聲息，存亡兩病前。

茅屋舊事

茅屋距吾外家老屋，約兩華里。少時訪外家，必到茅屋拜謁叔外祖。其村前有塘一口，每秋收之後，竭澤而漁，近接表弟家書，謂魚依舊，而人事已非矣。

其一

竭澤而漁未是功，少年心事到今同；秋塘已涸春潮水，壩岸猶回剪燕風；不審腥泥曾失足，只緣日暮應收工；歸家檢點新豐績，還見生機在孕中。

其　二

新雞舊燕各乾坤，喧鬧山家聽物尊；聚食松堂爭奮赴，回梳羽翮息飛翻；燈窗影鑑春塘水，古壁風流仁里門；未許晨曦生北嶽，先從山月認山村。

其　三

天開美景屬仙家，夫動春犁婦作麻；野水周環曾不息，茅椽冷冽問封加；情留故里村村重，人去春園步步賒；地氣塘音聞未改，依然金燕落風斜。

註：茅屋頂因晴雨損耗，例須年加新茅，以防滲漏。

其　四

開塘自是有前人，弔注興亡濟業貧；草色雲光分浪意，
山梯岸影共松筠；兵臨未及回青史，世變猶疏玩綠蘋；水力
關情心力在，殊方聽雨囑波臣。

其五

建宅塘前溯史回，安居到此肅風雷；傳家水鑑豐田業，
煮酒人親舊日杯；簷霤無聲飄忽下，竈煙向晚靜中開；清時
待我看山味，不住筍香勃勃來。

其六

山木山居集一城，楓姿塘影鑑精誠；蟬鳴競力知生理，
水送孤鷗問去程；踏月誰能分犬跡，探花我獨識香情；姻緣

老騰親緣在，惦切今生對外甥。

其七

過塘引我訪山楂，依約翻紅見物華；未必春風能介壽；卻將碩果醉仙家；雲横鶴嶺知無極，花長春泥定有加；舊日留親村苑外，難傾故事寫生涯。

其八

偶然接手問松蘿，響水秋風幾日過；恐是飄零增寂寞，敢將期許付磋跎；長林未捨人間意，久客難傳子姓歌；惠及仁風通我義，承恩最是少年多。

其九

水映三山淨，塘開一代功；擣衣先宿鳥，濯耙後歸虹；雨養青春異，花分蝶眼同；納流餘浩瀚，不歎逝波窮。

其十

不見污源劫，流程沿路看；松間清響徹，石下積陰寒；茅屋人頻壽，塘魚美作餐；風波渾蕩漾，共雨試鉤難。

其十一

好坐塘前埂，觀魚自在游；天機新耳目，水色美山樓；愛物防饞口，同情忌站鷗；褰衣驚負重，知是雨初留。

其十二

濺戲春塘水，生波接手涼；避陰依岸路，摘葉作舟航；

拾屐青萍外，放歌白日長；松雲共府第，點綴有風光。

其 十三

入夜風波宅，明光面水文；塵霄迷爛漫，花露演氤氳；
土石多無賴，松楊契合群；探塘回戚里，共步度山雲。

其 十四

視野隨風綠，萍蹤背日游；推移緣物長，行坐聽他留；
領識春泥性，榮枯水府秋；天高斷岸影，鬢白海西頭。

題醉客

嗜酒之癖，中外皆然，雖醉態有異，醉意則同，姑以平
生所見，題以詠之。

其一

有客如泥未肯休，艱難指點索杯酬；倚牆瑟縮待知己，望眼徘徊見箇愁；我亦生存憑酒興，君何沈穩在心頭；相逢不避清緣少，敢去今宵醉一樓。

其二

父執開杯飲夜闌，春盤佐酒盡年歡；紛忙世味憐燈影，商略賓朋定主觀；侍座人間經歷少，勸開肺腑到心寬；傾樽勉我相呼應，共醉今宵一體看。

其三

酒力從知醉後長，引魂經此到仙鄉；清風許借清明夜，冷眼平分冷月光，縱使忘情留寤寐，難徵獨醒回悽惶；杜康已遠千年約，恨負今宵在路郎。

其四

勸飲當年記故鄉，宗門祀祖到公堂；傳杯共惜春陰短，看弟猶知醉意長；莫怨親情曾漫語，應憐稚氣作鋒芒；江山已散繁華盡，忍對清樽夢一場。

其五

步月歸來未覺寒，同仁吩咐赴君餐；荒原路少行人跡，酒肆賓多聽夜殘；涓滴分情連露飲，依稀對座到今難；添杯別記山城約，共許相逢帶醉看。

其　六

醉後誰知有佛論，清狂引步到山門；香煙未解生靈路，鐘磬偏招失落魂；醒對仙階無偶語，新從燭火問神恩；因緣法水三千界，不別流民拜世尊。

題二十五屆奧運會

第二十五屆奧林匹克運動會於公元一九九二在西班牙巴塞隆納舉行，中國大陸代表隊成績輝煌，名列第四。皇皇世族，烈烈聲威，健行健德，詩以美之。

其　一

磨練初相去，和平與賽來；憲章懸禁令，使命出高材；

行健天人貴，策勳華族回；飛奔贏美力，萬國共旗開。

其　二

六藝共文武，聖賢多用心；法天承大道，鍛練應艱任；
柔弱非生理，偷安鄙古今；聞雞當起舞，惕厲在宵深。

其　三

眾志成城日，輝光萬甸多；凌波憑努力，鼓浪漾穿梭；
技異通才地，風流回凱歌；閨中生健美，首唱出青娥。

右詠游泳

其　四

桌上攻防緊，揮球未肯休；光榮稱國手，撲射出風頭；

體骨多機應，輪番有壯猷；潮流美一代，鼓舞動神州。

右詠桌球

其五

動作稱靈爽，翻騰似未終；皇州崇奕葉，水岸照英雄；

手足盤空健，逍遙運道通；身輕無著物，回望氣如虹。

右詠跳水

其六

活潑青春力，翻身運體操；強筋隨意志，徒手立功勞；

目下親師遠，人前技藝高；賓朋為讚述，吾亦傲君曹。

右詠體操

其七

射藝儒家事，來從奧運新；傳經隆體育，比武尚精神；
準的思征將，招搖在轉輪；鳴槍驚舊史，送遠病夫民。

右詠射擊

其八

不是乘風去，投艱十里行；神州龍虎氣，選手錦標情；
積健稱君子，從容出賽程；光華榮世胄，共締漢精誠。

右詠田徑

其九

競賽分高下，應機在此中；推拿從道序，纏鬥見英風；

品級依裁判；光輝報立功；錦標歸漢國，毅力鑄金銅。

右詠柔道

其 十

起鼎非虛語，千鈞享獨能；壯夫生畎畝，行健不驕矜，

氣自和平得，功從競賽升；興邦總萬類，點滴委崚嶒。

右詠舉重

其 十一

紅葉奠經始，棒球行令高；兒童爭勝利，政府敍功勞；

奧運今初見，台員志不撓；追思嚴謝日，起步在清操。

右詠棒球

註：台灣棒球運動，肇始於紅葉隊，踵事增華，謝國城、嚴孝章兩先生，垂功體壇。

其　十二

掛帆生海瀾，來對錦波寒；白水依天遠，潛鷗扇羽乾；

驚濤問足下，壯志起雲端；搏浪回舟楫，長風異國看。

右詠帆船

其　十三

強身能助戰，未覺月光寒；武衛將軍去，錦標志士看；

點兵移奧運，擊劍向風彈；莫怨干將遠，新鋒應體壇。

右詠擊劍

其　十四

共濟平洋遠，移舟送日回；潮流響野岸，水國湧金台；
京府千波外，風光一楫開；同心未解纜，江漢接君來。

右詠划船

其十五

雨岸交流事已通，許將備戰到今終；金輝耀眼神州去，
玉潤分光寶島同；地共江河緜譜系，天邀人意助豐功；新來
世紀朝朝見，不改炎黃子弟風。

其十六

新來海外共精誠，出賽難忘兄弟情；鼓舞猶同榮戚感，
艱難最是始初迎；並肩聚散紛紛惦，注目輸贏的的清；莫謂

終須共事業，天涯也應祝成功。

其十七

進軍體壇在今朝，休道炎黃憐細腰；力匯江淮興夏業，旗開奧運慰華僑；生平喜自長年樂，此日初聞勝利驕；授筆書懷天下去，敢矜無病吟清宵。

其十八

全球勁旅壯軍門，博覽人才選手村；戰事他年亡揖讓，錦標此日定乾坤；莫辭辛苦為身弱，更賴青春扶自尊；四載新回君子約，相期不負對國恩。

其十九

我羨康強運動人，功如燕體氣如神，膚光送遠仙靈藥，老健還爭事業春；不信醫方能介壽，權徵進步作新民；死生何問前緣定，惟在黃粱一夢身。

夜讀文選

余平居好讀昭明文選，杜少陵亦以「熟精文選理」（示宗武生日）教子，細誦杜詩，亦「夫子自道也」。

其一

天外星河夜渡橫，詩文興趣證平生；蕭梁遺我名山業，杜甫留他至理情；早著心香親楚賦，更多淚血濕台城；燈明典籍輝相映，客裡青春詠漢聲。

其二

慷慨詩文著別題，江郎心事最淒迷；人間境遇殊高下，天上星辰未等齊；中散琴聲驚獄卒，明妃使命伐封泥；敬通見柢歸田里，卻掃天階恨日低。

其三

詩法珍傳在古風，宏規不必怯雕蟲；濬河把握先源水，立派疏通竣事功；元氣曹劉多樸茂，自然陶謝亦蔥蘢；前賢示我康莊道，楞櫟還從學習中。

其四

不懼刀橫濺血衣，匆將筆墨定風徽；石崇竟死無消息，堅石臨刑有是非；漫說清才多毀譽，更難獨立到崔巍；也知斯路艱危甚，敢向兵前問帝威。

註：歐陽堅石爲石崇外甥，與趙王倫有隙、伏誅，臨刑作臨終詩一首以明志。

其五

潘岳悼亡幾度聞，從知生死兩紛紛；流芳未駐虛簞席，落葉初飛到墓墳；莊缶逍遙歌異俗，元積貧賤負清芬；齊眉似有仙緣約，別領春心哭暮雲。

其六

援筆書懷對七賢，莫將禮教論詩篇；竹林隱我清風士，天下由他白日眠；中散養生欺自約，步兵携酒應華年；仲容實稟生民秀，杜甫垂青在目前。

註：杜詩：「嗣宗諸子姪，早覺仲容賢」（示姪佐）。

其七

茂先勵節動詩篇，鼓舞何須拜鄭箋；自有嘉言分後世，誰堪吉士殞華年；居憐落日紅塵外，恨負青春白髮前；感慨還多家國事，人隨異域志隨緣。

註：晉、張華、字茂先，爲趙王倫所害。

其八

祖德高情在戰功，勤王握命劫荷融；江山帝國歸司馬，詞壇文章憶謝公；未及堂前憐乳燕，新來海外認雕蟲；從知博覽能生趣，獨少衣冠詠雪風。

註：文選錄謝靈運述祖德詩二首。

其九

日薄虞淵有士知，論交生死共心期；寒冰已負箕山志，傲骨還輕鍾會詞；未向巫咸叩禍福，忽驚黃犬苦棲遲；情追博綜歸文府，永對山陽感舊時。

註：向秀，字子期，與嵇康、呂安友，康被誅，作思舊賦。

其十

夕秀朝華共一林，情思義理自追尋；也知染翰須才力，獨少開函論古今；萬物紛紜憑彩筆；四時寥落觸詩心；平生幾度披文賦，玄覽何曾見夜沈。

其十一

烽火流亡事可哀，西京兵劫仲宣才；霸陵涔淚歸雲去，漢室衣冠枕霧來；人別長安念遠道，身留荊楚共浮埃；平原棄骨紛紛見，更有嬰啼在草萊。

註：仲宣、子建，各有七哀詩，命題相同，命意則異。

其十二

子建高樓認月華，文章興感帝王家；才流自是兼昆仲，命理行程有怨嗟；存賦一篇明宿志，成詩七步見生涯；沈哀示我當年意，應對還知筆有花。

其十三

設想曹公指艦開，大江橫槊見詩才；西陵地冷埋軍令，銅雀春深鎖夜台；樽酒消亡心上事，繐帷記憶曲中哀；從知遺妓歸天帝，誰送仙音墓來。

註：謝宣城；同謝諮議銅雀台詩。

題木棉樹二十韻

客居異邦，見木棉花發，貨棄於地，殊感可惜，題以詠之。

樹在公園境，陰深護百家；高雲隔葉脈，鬱暢證生涯；絮舞疑天網，枝疏共晚霞；飄零亂老眼，奔嬉見洋娃。春土寄生理，端根遠臥蛇；觀光隨我意，惜物溯春芽。財力斯邦足，天情另眼加，消憂娛耳目，植物隔喧譁；厚德尊時物，培源戒國奢；資藏理有盡，節約應無差。探水先星落，荷鋤後日斜；故鄉明儉德，織績更牽紗；生計艱難甚，田園少落鴉；笙歌行處有，箕畚落泥撾；啟訓開今夜，圍爐共晚茶；天倫崇譜序，孺子見詩華；談笑寬心理，循藤覓熟瓜；親情緜日夜，故土出桑麻；水瀑三千丈，棉飛百樹花；衣然敦世俗，努力在風少。

奉贈譚明夫社長

其一

出國關山遠，懷鄉北斗深；人情同海曙，僑客寄詞林；
結社通中外，分曹問古今；漢波西岸應，駐筆聽龍吟。

其二

集義敦清俗，詩懷異域開；鼓吹尊漢業，闊步晚芳才；
建設推心理，謳歌祛禍胎；洋風應解我，舉纛從公來。

註：美國洛杉磯晚芳詩社，成立十餘年，社友遍及全球各地。

晚芳詩詞集讀後

其一

晚芳崇德賴詩揚，充實光輝別物量；博雅還徵君子志，
衣冠引領漢書香。

其二

愧我孤聞信有涯，初從社友認才華；清詞麗句酬知己，並轡吟風屬漢家。

其三

宋理唐音各有成，共開天地運新程；潮流起應春風轉，不厭當年李杜情。

註：宋詩言理不言情。

其四

山河歲月幾春深，取作詩才不費尋；眼底書傳京國事，探芳頻繫故園心。

註：大陸社友時有作品發表。

其五

今宵不必染華箋，人事音書共一編；反覆思維風定後，天涯幾處在燈前。

其六

人情地理各西東，酬答分神邁古風；敦厚不移詩國運，品梅吟雪到今同。

其七

詩情自是好因緣，選擇春題到酒邊；莫厭燈花無報語，相知今古在尊前。

其八

自幼吟詩迄未成，愧無才學作風情；晚芳許我青春意，敢共秋螢並夜行。

七夕

其一

欲曙星河夜未央，風雲肅穆護明星；聖威不許欃槍動，儷影偏移御座旁；殿誓長生欺織女，兵驚馬嵬負牛郎；又逢七夕千年約，古月難留漢瓦霜。

其二

應是天高秋氣清，無端科技壞珠明；蒙塵別恨皇家運，廢物徒傷節令情；芟草牛郎逃腐化，停機織女問紛爭；噪音奪我仙源靜，古岸難回命楫聲。

其三

婦德勤工在運針，線穿七巧繡鳴禽；秋風未共花容落，手藝還招月露侵；遙想天河生日夜，許回靈氣證芳心；神仙事涉人間約，不向無才問古今。

其四

人間天上各相須，物質精神證有無；莫怪銀河虛夢幻，原多俗事苦潛夫；心回織女陪辛苦，手接牛郎鄙野儒；縱使星明留倦意，凌波不必海鷗扶。

其五

牛郎此夕罷耕耘，織女停梭待使君；意在長河星際水，聲通江漢夢中雲；雖無蘭槳凌津渡，自有仙橋出鵲聞；聚散還為天上客，莫留情淚濕紛紛。

贈謝昭榮姪女

昭榮自故鄉寄贈毛尖，四十餘年來首次回味故鄉風物，茶香依舊，而人事已非矣！興感之餘，詩以贈之。

其一

孝理宗風並日回，春茶味似昔年杯；祖傳譜系同心貴，筆下家書帶淚裁；曾共村童歌野樂，忽傷血汗付蝗災；田園散落生亡後，老別猶頻入夢來。

其二

葉帶青芬自故鄉，開函重記採茶忙；分明色味從親定，未許蜂蠅趁我狂；品茗能招天下士，生香順理熱中腸；松風澗水村門外，陪飲何分子弟行。

其三

焙葉生香可佐餐，揉搓漸許掌中乾；三春嫩蕊艱辛賞，一代家風固舊寒；樹自宗堂傳世業，人回故土到今難；茶歌向晚紛紛應，響澈還思共汝看。

其四

放眼山坡見綠斜，春風送暖吐新芽；堅冰未損枝間葉，瘠地還開雪後花；苦難何須申醉意，清杯相伴自天涯；溪流石澗琤琤在，白水茶園舊日家。

其　五

昭穆追芬百代同，清茶祭祖拜豐功；家貧久矣無兼味，宅老蕭然有遺風；兵火驚亡諸子弟，衷腸在慮亙西東；年來舊事消亡盡，欲語還從記憶中。

其　六

天留物色在山城，待客清茶勝酒行；想像傳杯無醉日，還多繫馬見征程；埋名供奉生津路，隱善誰期過客情；話指當年招飲處，楓香祖德應崢嶸。

其七

犒師獻飯在山隈，崇尚仁風自祖來，血戰多時飢未解，渴思整日口常開；招呼振奮三軍氣，慷慨分同一樣杯；殲敵心傾天下士，向陽茶水送君回。

其八

清茶有味是閒時，漫作逍遙且詠詩；到口還憐餘啜感，舉杯猶自怯歸遲；賓朋此地無多遇，顛沛他年獨自知；井水春山同舊物，茶香每繫故園思。

其九

煮茶結義共清寒，慈善鄰人永達觀；克己無傷隨我欲，
慰勞有意定心寬；山城落日收工晚，父老鞭牛使力難；待得
今宵新月後，逍遙不必醉中看。

其十

圍爐侍座記當時，語默頻催更漏移；炭火飛紅榮祖德，
家風行健賑人飢；雖無達宦光宗譜，自有清茶補禮儀，克儉
還期諸子姪，關心此日苦低垂。

幽窗漫筆

其一

黃昏猶見自分明，驚動飄零問物行；墮隊初來經意少，

隔窗吟去喜雲輕；鳴蟲已散人間約，展翅還催筆上情；望得南飛孤雁影，同將歲月寄平生。

其二

倚坐燈前逐字吟，鐘鳴幾度報宵深；少多喜誦香山作，老漸方憐杜甫心；閉目魂縈家國在，收篇意並月星沈；寒氛襲我層層重；況對幽窗聽夜禽。

其三

霏霏細雨貼窗憐，聚作圓珠潤自然；靜謐誰知人意重，晶瑩物比露華妍；詩思欲共流雲轉，雅興何勞漫筆傳；窺透空露回自我，乾坤一體落尊前。

其四

往年賓寄在金陵，嘗隔深宵苦積冰；庭訓嚴如窗外雪，江風少護案前燈；呼寒夜販知更遠，逃難童年忌恨增；百戰山河終一別，茫茫氛祲未歸能。

其五

晨鐘帶月報更殘，震動心靈問佛安；想像莊嚴燈上殿，也曾參謁業中壇；三千法水團圓轉，一介書生寂寞看；永對長明無恨事，窺窗不必水晶盤。

註：右題爲美國洛杉磯晚芳詩社命題。

秋蟬

其一

飲露高難飽，清腸竟不飢；安身同宇宙，托足在松枝；
詠唱催詩興，祥和異誓詞；旅居多俗務，獨少聽蟬時。

其二

昔在山居日，相忘不記年；雲霞隨客意，耳目娛秋蟬；
愛物留長樹，追蹤隔野煙；風搖生翼影，佳氣共周旋。

其三

好對兒童問，新知遠自然；蟲魚已少識，花木未精研；
立德尊惟一，觀光問大千；蟬聲寒不禁，獨唱在秋天。

其四

唱晚村村急，歸飛箇箇情；秋蟬聲力竭，羽翼鼓風行；露重身難進，殼輕褪易成；醫方貢藥物，祛火益人生。

註：蟬褪下之殼，名曰「神褪」，爲中藥之一味，主治祛火。

其五

淒切秋蟬唱，和音愧未能；艱危同代序，隱逸傲蒼鷹；廝守山林志，存亡雨雪朋；晨昏還挹露，吾獨羨孫登。

其六

客居虛秋意，蕭疏少獨行；詩成吟自醉，筆落待新晴；樹靜知山影，蟬鳴見物情；聲歸萬化去，薄翼問浮生。

註：右爲洛杉磯晚芳詩社命題。

哭叔父

先父兄弟三人，仲父以英年病逝抗戰期間，叔父於今（壬申）年四月，亦以心臟病謝世，父輩雁行，祖宗緒業，至此盡成追思矣。

事業追先祖，安榮慎舊居；雁行崇道序，譜法律宗書；瓦屋明光鑑，人倫緝睦餘；動耕春響水，植物夏生藻。大母歸仙早，童齡見背初；哀傷惟父祖，寂寞向樵漁。患難悲家落，資財供質攄；紅軍催命急，浩劫待時紓。世道驚初喪，人情逐日疏；昏蒙對日月，不記改蟾蜍；飲水平飢餓，摧腸病括据；秋糧供索刮，倉鼠自清除。待旦披星露，謀生覓野蔬；辛苦存三畏，風霜併一鋤；千山均物力，四季問溝渠。發引他生遠，銜哀我未與；劈柴曾記憶，擔稻陪趑趄；取水層冰結，燒山移步徐；墓門封往事，苦節河東儲。

註：儲氏先祖自河東郡移皖。

夏夜

其一

檢點清心運筆回，思潮今古怯蚊雷；生依腐朽同時令，老盡鑽營死禍胎；誰見飛鳴高格調，強經折羽落燈灰；周旋困我詩靈約，未許風情夏夜來。

其二

蚊雷惱我待家翁，焚火薰香定夜終；白業傳家流祖德，青衫驅暑見宗風；星雲引度山雲緊，扇露還招井露同；多少宵清分子姓，不關月府到朦朧。

其三

望月從親各有聲，嫦娥浪漫動詩征；玉皇符重春心遠，王母閨深夜色清；不信神仙鞭薄俗，還將火箭問芳情；登臨己報前時約，辜負長空萬里行。

其四

搖颼羽扇對清光，農下偷閒總不妨；鄉里緣情宗譜重，涼棚啾果子孫忙；欃槍曳影知何地，蝙蝠穿門到磨坊；萬物分歸天地靜，河山一月照經常。

其　五

點點飛光照舊林，月華有意未相侵；兒童愛物推諸己，夏夜懸珠亙古今；涉草方知甘露重，尋芳不許白雲深；山橋祖宅千春地，不改流螢萬斛心。

註：右爲洛杉磯晚芳詩社命題。

贈慰韋蒹堂三十韻並序

客歲（壬申）奉旅居美國洛杉磯之蕭一葦先生函，告以蒹堂中風在院，然實情則不知。今春得涵靜探病歸來，知其養痾已有年矣；人事蕭疏，互少音問，慨然有作三十韻，以為代書。

雨日晴初出，班荊得道鄰；逍遙同理趣，蘭蕙自相親；訪竹山城美，裁章結義新；弦歌當子弟，康慨論綸巾。引介先師列，追隨起業貧；琳琅紛在目，戰慄勉斯辰；講訓宮牆重，聯翩儒席珍；和風擅改氣，冰雪益歸仁。健翮飛奔久，稜層努力頻；提昇通意境，早共共春神；好學豐才地，迴腸契道真；明心長解語，游刃不艱辛。歲月征行去，詩情固舊屯，舟航乏引領，力拙困逡巡；開卷未多得，清關懶著因；幾年蓬島會，白首再青春。啟發先生理，箴規賴友倫；文場崇浩蕩，韻海佩風塵；典故欽多識，謀篇穩斲輪；禪機先我輩，儒佛用諸身；法界三千外，紅塵一水瀕；南師曾洗滌，江海不沈淪；虛白心常靜，詞高理問津；終篇餘韻味，彩筆上秋蘋。海角文光少，人間紫氣均；潮流正改代，牽率仰經綸。席散風流盡，天涯遠故人；飄零驚夢寐，起座獨霜晨；感激先時道，關懷舊釣緡；期心聽澗嶽，陪語有松筠。

冰雹

其一

觸地生聲色，威移暑烈多；華雲流未已，羈客問如何；鑒照明沙淨，推遷逼眼過；天情亙古有，變化動風波。

其二

木葉驚災異，追奔未忍看；青條頻挫折，勁節竟凋殘；
破壞違生理，威露設夏寒；吾哀同萬物，長養畏時艱。

其三

雹自青天降，紛從瓦缶收；髫齡爭奮赴，輩老不追求；
祛暑他年飲，封缸此日留；民風存舊事，記憶幾曾休。

註：故鄉每逢夏季降雹，兒童輒爭拾儲藏，以為隔年飲，據云可消暑。

其四

夏水何曾長，冰來橫舊河；晶瑩散意氣，浮沈待消磨；
有問童心樂，中懷白玉歌；川流曾不息，影響自經過。

註：幼時在故鄉往河岸觀賞雹落水中情景，一時水面玎璫之聲，猶如樂天所謂「大珠小珠落玉盤」之概。

荷塘

台北南海學園之荷塘，為余昔日讀書賞荷之所，今移居海外，心甚戀之。

南海夏荷淨，蓬萊暑氣長；林蔭蔽野路，岸土固綱常；鼓浪何曾有，推舟出庭妨；盈枝凌綠水，疊葉托花房。露色青萍駐，蛙精白日藏；風來無嘯傲，夜去自芬芳；避雨亭台得，觀光菡萏忙；寫生童子樂，戲舞蝶衣狂。地共乾坤美，功分漢署香（隔壁即為國立中央圖書館）；賞心無俗客，開物惦忠良；綺粲豐文理，尊榮輔國光；興高消永晝，氣暖損清霜。理對芙蕖靜，詩從異國荒；追歡渺舊日，曠絕自中央；興趣成蕪沒，經綸作棄量；深居遠海角，倒影在荷塘。

奉贈謝鵬公姻伯大人

公以大著「風雅記趣」賜贈。莊諧並重，新故兼容，敍情性之真，遠道學之偽，有談助之功，無奔競之念，斯卷在手，可以忘憂。

其一

自是書成等業存，扶風繼統舊玄孫；清懷脫略名韁外，健筆分餘著作尊；莫信衣冠傳道學，還多風雅到公門；蓬萊重誓青春約，敢向詩魂問國魂。

其二

尋常習武見功高，不許青春有一毛；竹健總如君子意，蒔花猶愛菊清操；流魚潛水知公趣，僻野深居失我曹；茶力煙情皆幻景，依然運筆出蕭騷。

其三

戰亂經年未有家，屏東寄寓少桑麻；詩思筆轉流雲意，日暮人催墮隊鴉；椰樹隨公親海角，文章付我到天涯；宵清酒後封談笑，風雅難開異國花。

寒潮

寒潮襲我動初更，不寐常懷杜甫情；暫避文房驅世慮，敢從卷帙問詩程；風流故國江涵遠，人到西洋雁路清；老健持身陪夜景，一燈辛苦許高明。

註：右爲洛杉磯晚芳詩社命題。

重修宗譜讀後

上次重修宗譜，余尚在髫齡，今日再修，則年已望六矣！歲月如流，父祖凋零殆盡，緬懷景德，瞻望孫行，詩以美之。

逆水鍾靈秀，潛山迴望深；晴波春不轉，鳧雁任追尋；

蟄振驚花令，松鳴出石岑；蛙精平野動，曙露寂然侵。感激先人德，回招庇佑心；開宗明道義，擇善在書琴。得姓緣周道，揚芬輔士林；聲華留日月，行健自肩任；並力初耕業，兼懷舊日簪；譜光傳奕葉，倫理再浸淫。比斧薪柴斷，聯心氣宇沈；艱辛何所畏，望嶽幾開襟。法教精誠重，祠香紀律森；宏揚先祖緒，永憶舊家箴；黃卷垂天地，雲孫漫古今；衣冠源一派，文物譜為琛。我別宗門久，長從德澤欽；青春苦度去，老夢總空擒；客裡干戈淨，人間白首吟；清風吹木葉，到譜即宗陰。

註：逆水、潛水　吾鄉地名。儲氏自周朝得姓。

清明

其一

繁花著節令，祭祖在他鄉；墓道青山遠，宗風白日長；
平居思舊國，設奠憶高堂；回首慎終路，精誠挽夕陽。

註：高堂，用文選左思蜀都賦義。

其二

掃墓清明日，松花著節高；龍形留我跡，槎水穩風濤；
響谷歌冥福，淚泉釀聖醪；三牲貢報德，百代捧辛勞。

註：龍形、槎水，皆吾祖塋地名。

其三

清明追始祖，譜法律乾坤；道義先人得，家規子弟存；
墳階嚴肅穆，意氣化騰騫；解識高風遠，曲型鎮墓門。

其四

愁思對孀母，節令冷孤雲；扶幼身心喪，還哀宿草墳；
相依辛苦盡，死別淚襟分；拱木徒增憶，清明暗夕曛。

註：叔父英年謝世，每居清明，孀母上墳，必慟哭不能自已。

其五

新墳云有果，紀念異招魂；孝理存風俗，人情結義根；
兒童爭擁護，燕雀不飛翻；莫道陰陽遠，生歸並一尊。

註：ㄟ我鄉習俗，新墳首逢清明節，例需以糯米粉製成如李狀之圓果，在墓地拋撒，名曰：「弔

墳果」。

△淮南子精神：「生，寄也；死，歸也」。

△右爲洛杉磯晚芳詩社命題。

早春

其一

青青嫩蕊漫枝來，其許松風破凍回；寂寂庭階橫日影，紛紛鳥跡認莓苔；荒園猶自埋秋葉，老樹昂然舊棟材；莫謂花情無恨意，向陽總是領春開。

其二

獨數時光愛早春，放歌不忘客中身；何關碧水千波響，只在詩情一句貧，人走海天留倦意，光回几案散風神；逍遙最是曾來燕，故作新姿訪舊鄰。

其 三

野鼠窺人未許猜，毛衣彷彿昔時裁；冰封雪鎖歸何處，水漲鶯啼探我來；草色初從平地發，物情亦望故國回；饑寒欠汝三分意，愧是春糧尚未栽。

其 四

美土華雲去日多，人情無奈故鄉何；風搖柳絮盈盈舞，水下春灘淺淺歌；頑石翻來供駐足，青蒲擺去自生波；山容祖澤流芬在，雪後松雲引碧蘿。

其五

穀種分傳賴早春，風花永護漢精神；顛連父祖同心德，沙汰村河剩里仁；足去鄉閭隨日遠，鬢經烽燹到霜新；耕耘我記他年意，世亂誰憐敬業人。

其六

伐木深山先自巡，全家生計望柴薪；浩繁食指原多恨，積弱衣冠愧一貧；辜負松姿迎曙色，幾經商略斲斯辰；也知愛物從天意，無奈饑寒對早春。

註：右題爲洛杉磯晚芳詩社命題。

歲暮書懷

其一

削跡平居不問遲，庭荒藉避故人知；摧寒鼓勇惟文選，
俯首迴腸有楚辭；歲暮總思肝膽義，書香永奉漢官儀；新來
日月愁偏重，怕少詩情負自期。

其二

自昔家貧愧五車，有勞庭訓補宗譽；風高永憶先人德，
歲暮長懷祖國居；久捨梅芳陪雪影，更經兵火短封書；鄉心
未共劉郎遠，海外襟招熱淚餘。

註：唐劉長卿詩：「鄉心新歲切，天畔獨潸然」。

日月愁偏重，怕少詩情負自期。

其二

自昔家貧愧五車，有勞庭訓補宗譽；風高永憶先人德，

歲暮長懷祖國居；久捨梅芳陪雪影，更經兵火短封書；鄉心

未共劉郎遠，海外襟招熱淚餘。

註：唐劉長卿詩：「鄉心新歲切，天畔獨潸然」。

其三

懷鄉不並少年歌，歲暮紅軍打劫過；強索糧糈驚祖淚，

突圍雞犬落冰河；解衣總念親恩重，推食誰同戚里多；賸水

殘山事，寂寥松雪老干戈。

其四

善良鄉里事堪哀，愛護何曾循吏來；父老無衣難卒歲，山田缺力不生財；飢烏夜哭空腸腹，浩劫人亡藉草萊；痛苦孤懷無可告，惟將希望待年回。

其五

志守宗風未忍移，傳家有淚記兒時；肝腸煎苦無多語，松柏同情獨自知；冰雪襄陵祖社稷，田園戰火老瘡痍；宵深歲暮情難已，況對餘蔭記別離。

其六

乞食天涯歲暮回，宗門許我並風開；饑寒子弟生千怯，顫抖爺娘問一杯；冰裂寸膚同涕淚，肩承積雪少塵埃；生亡展轉他鄉去，苦難更從此後來。

註：△昔年吾鄉乞民特多，尤以歲暮爲甚。

△右題爲洛杉磯晚芳詩社命題。

故鄉風物雜詠

余少小離家，老大未回，對於故鄉風物，記憶猶新，每一念及，輒神馳不已。

其一

萬瀉飛泉擁沫行，經營奔始自山城；孤高石連松立，變化潭珠混月明；水鑑清流添祖澤，兵移綠柳少風情；餘波難洗招靈恨，響澈猶疑墮淚聲。

註：△故居門前有高五丈餘之懸泉飛瀑一處。

△丁亥冬，家難，祖父被鬥，橫死，余出亡。

其二

銀杏飄零別故柯，秋風動蒂昨如何；鄰人愛物推諸己，天意興糧出曲阿；莫恨青春枝上遠，應珍時味竈邊和；饑來可作貧民食，數點山廚餵子多。

註：銀杏亦名白果，外包肉皮，秋黃後有臭味，去肉，皮見白殼，炒熟可食。

其三

採栗秋山結友生，紅楓白石更相近；迎攀岸樹回回險，比淺溪流汩汩清；食理艱難荒歲月，關心子弟老人情；歸來細數囊邊物，還有風雲並我行。

註：毛栗爲吾鄉土產之一，栗小如蠶豆，野生。

其四

尋芳敢問對林間，漫野幽蘭奪自還；誰見人情添養份，惟從祖跡考深山；香飄故宅經常久，花落春泥不自閒；別後鄉關隨我遠，最難佳氣慰慈顏。

註：每到春季，蘭花（野生草蘭）遍野，香聞十里，吾每趁入山伐薪之便，採集一束，放置天井中，供母賞玩。

其五

課讀經堂對塾師，明窗几淨伴花枝；書聲引領詩心轉，香氣頻催日影移；道德分傳諸弟子，儒衣共襲漢家儀；向陽蘭液應常在，獨少春風回舊時。

註：昔日塾堂內，常擺設蘭花數枝，藉助文思詩興。

其六

影鑑清流命石陪，明沙碧水共徘徊；褰裳許我從容去，倦蟹隨他漫步來；壩自祖先留史跡，峰開岸古息摧頽；柳青魚躍尋常事，獨對雲山幾夢回。

註：大河臨故居門前，兩岸垂柳，河水清澈，河魚味美。

其七

田園緒業在家鄉，肅穆安居法故常；石畔砧聲陪婦母，籬邊背影老親娘；三餐節約安清儉，一夕驚魂引恨長；久斷蓮花薑上味，惟憐稚子出倉皇。

註：蓮花薑，色殷紅，爲吾鄉特產，他處未見，以鹽鹽之，風味特佳。

其八

健翮饑鷹顯物威，空腸嗜慾獵雞肥；翻身投下千鈞重，冒死誰憐一命微；世亂年荒同急切，金眸玉爪兩依稀；臨危捨我哀禽去，獨向秋山失路飛。

註：兒時常見饑鷹獵雞，待呼喊搶救之後，竟棄垂死之雞而逃。

其九

豺狼逕巡問柴門，體健能行少步痕；白日追蹤多譎詭，經年定味認雞豚；山家向晚開燈盞，稚子關心在物魂；不厭哀鳴長夜裡，饑腸一樣對兒孫。

註：豺：爲吾鄉常有之物，雖爲害牲畜，未聞有殺之音。

其十

水稻抽苗自定形，祖農辛苦未安寧；山田響水推紅粟，耕讀傳家遠白丁；教子還從苔岸古，遺規猶見井楓青；兒童父老他年去，甑飯笙歌付落星。

註：紅米爲吾鄉特產，米粒碩壯，味美。唐駱賓王討武曌檄：「海陵紅粟」。紅粟即紅米。

其十一

追隨父祖夜中行，火炬輝光澈野明；黃鱔棲寧泥澤國，金烏退隱漢山城；傳家歷劫無兼味，探水初來有異聲；北斗星橫知露重，謀生不負少年情。

註：夏秋之夜，常追隨父祖釣黃鱔。

其十二

爛漫山河似欲燃，杜鵑花發在村前；農衣改理春寒後，蝶翼添香紅霧邊；葉下深根親故土，枝間勁節省他年；流芬且共流雲轉，海外還溫子弟篇。

註：吾鄉每至春季，杜鵑花開遍山巔水涯，姹紫嫣紅，一片陽春煙景。

其十三

古樹傳聲動野回，村人有命囑留材；曾經枯槁沈亡去，又見枝枒簇擁來；月夜圖窺生理意，天心不許露靈才；外家違我童齡日，故事當年幾度猜。

註：外家有古樹一株，入夜常發如雷之哼聲，人如靠近，則忽而無聲，至今，吾仍未知其故。

其十四

汝河水淨出浮橋，岸影晴光合動搖；滾石流波渾漾漾，浴鳧征鷺共迢迢；長虹飲後翻回去，客路秋前漫寂寥；班駁枯苔留舊木，最難低首問今朝。

註：外家有一大河，由於河面甚寬，以活動浮橋聯絡兩岸。

其十五

塔影蕭森未有同，擎天不許落征鴻；斑斕石色千秋葉，
喧鬧春情萬燕風；日月光華升左右，青林綠水護西東；登臨
我記兒時趣，願共河山誓始終。

註：故鄉有右塔一座。某風水先生偶經此地，謂有潛龍在此，宜建塔以鎮龍首。

題紫蝶

蝶之類多矣，惟紫蝶早經昆蟲學家宣佈絕跡，不意於公
元一九九四年四月上旬，又在美國加州山谷中出現，余生平
愛蝶，賦此誌喜。

其一

紫蝶人間盡，空枝寂寞存；花香仍故物，石色舊雲根；

疊葉深深黯，臨溪處處昏；松風不解意，獨步覓山魂。

其二

彩衣娛我目，企望共飛翻；扇翅清香動，蘸花蜜意溫；
風流曾共舞，雨到或然奔；蝶影童齡並，相迎不閉門。

其三

戲蝶山城外，捕風草木前；穿籬不礙客，展翅落開蓮；
嫩蕊紅氛上，青春白日邊；群飛怯著陸，空彩戲詩箋。

其四

去住穿花影，採香未有聲；窺窗非俗物，傳粉賦征程；
得意先風落，回頭覓晃晴；塵泥遠絕足，自是體輕盈。

其五

紫蝶回新枝，春風正舊時；穿花驚宿露，問別好題詩；

體物能生趣，行空自解飢；飛揚天地外，不與俗心期。

其六

油菜黃花美，風迎漫目開；晴曛白日重，辛苦老親栽；

物力多生意，兵凶寄禍胎，田園春色盡，蝶影不歸來。

保護護野生動物有感

保護野生動物，已成舉世潮流，國人一向濫捕濫殺之行為，已為法所不容矣！

其一

異獸珍禽出地來，生存自古到今哀；長林陷阱知何處，
冒死啼猿網未開。

其　二

想像威風虎在林，秋山野水失蕭森；飛騰勇捷知無敵，
只許松濤護足音。

其　三

萬物生存賴自然，春鷗秋燕各翩翩；無端引得奔亡箭，
護衛何曾到爾前。

其　四

長生誰問有仙丹，濫殺龜靈罄一餐；只為貪懷今世欲，

不將珍異後人看。

其五

憑圖證古出麒麟，瑞獸風姿顯聖人；遺恨春秋早絕筆；靈光不護漢精神。

其六

白虎青龍見史家，萬千珍異數中華；河山有幸徵前美，獸走平原送日車。

其七

推恩照顧到森林，時代新潮動自今；物種憑傳千古業，忍分啞雁對鳴禽。

其八

獸走山林水隱鼉，生存陸海避風波；平生自省尋常事，萬古惟同佛理多。

癸酉除夕書懷

余生癸酉，年光如矢，忽忽一周甲矣，撫時感事，乃成斯篇。

其一

癸酉相催我，周行六十春；愚多總有失，困勉似無因；飄泊封尊盞，江山寄故人，且宣文教美，華國奉精神。

其二

癸酉今宵盡，桃符吉日懸，詩魂客裡得，鬢緒景中遷；
地遠山河美，風高草木前；羈懷問海曙，殘夜正淒然。

其三

烽煙驚褦襶，長養領親恩；倭敵侵鄉緊，紅軍劫舍繁；
尊卑兩寂寞，狼狽各流奔；何有團圓樂，冰凌冷素門。

註：素門，見任昉「爲范尚書讓吏部封侯第一表」。

雪融

其一

雨瀝藏身盡，簷流正雪融；春陽通遠目，紫氣鎮蒼穹；
跡化情何在，鬢衰詩未工；留心文選理，還憶謝家風。

其二

萬化隨心造，清光鑑我書；晶瑩透力盡，斷續響聲餘；
歲月催更漏，天文運太虛；吾悲源水竭，乾死太公魚。

感恩節書懷

西俗感恩節，蓋感天地萬物之恩，與我國飲水思源之義
，若合符節，身居客地，亦樂從其俗也。

其一

親恩流浩蕩，教養不蹉跎；提攜無寒暑，哀摧有蓼莪；
孟郊針線重，永叔表阡多；人事經年隔，傷神怯雁過。

其二

報本崇深義，天情並地恩；川流啟聖訓，星斗照書溫；
露放生花令，鶯歌美物魂；歡娛通萬類，德耀起崑崙。

其　二

相依道德濟，節制在兵戈；人事怠恩重，天威報德多；
和平留古訓，絜矩迄今歌；仰望坤乾美，東西一漢河。

其　三

節自西方出，功同漢國尊；儒衣宏孝道，風木勵兒孫；
俗異天倫在，文殊禮法存；凱風歌不息，回首反星奔。

其　五

回饋新詞講，思源飲水長；居寧無俗擾，禮讓有忠良；

斯土華僑聚，晴曛白屋香；感恩無別物，詩賦美他鄉。

註：回饋為一新詞，意同回報。

湖岸行

其　一

絕巘懸濱古，俯看水國枯；長虹斷晚飲，雛蚌待親濡；

土裂乾風急，苔移白石孤；雲端有雁影，浪跡覓江湖。

其　二

烈日晴沙上，縱懷白谷中；市聲今日遠，朝氣昔時同；

把釣無洲渚，忘情有岸風；捨舟陶令節，吾亦免篙工。

其　三

不見湖光在，空存草木深；腥風魚腐氣，道化自然心；
岸記盈虛運，沙經去住禽；朝天今面目，何敢問龍吟。

其四

風濤緣水去，險象不相生；頹岸隨處有，危崖任我行；
空靈自鑑影，曠絕容流鶯；冉冉泥香動，天憐舊物情。

其五

蕭然遊客地，向晚白雲低；鳧鷺終歸去，星河漸次齊；
相依惟莽草，容與只詩題；不共秋聲起，湖埸老岸泥。

其六

地闊連湖岸，秋風異國回；思鄉原舊業，愛物惜枯苔；

水盡生機去，星垂石鏡開；艱難醒倦目，望遠隔蒿萊。

註：杜詩有「石鏡」一首。

其七

愛惜湖山意，不關榮辱情；水流多聖訓，雲去問新晴；
沙靜緣風定，山高背月明；衣襟承露色，枯岸正征行。

其八

秋草環湖重，分行牧馬過；昂揚齊意志，步代碎松蘿；
未見征塵起，空輸汗血何；金風逼露白，夜久蹄邊多。

其九

涉露褰衣去，環湖步月初；秋聲埋草氣，石色共寒淤；

土梗飄零久，尾閭洩悶舒；星光今不滅，返照自空虛。

其十

原始居民在，湖山屬故家；謀生長狩獵，聽水禁喧譁，羽翮涼秋重，光輝落日斜；賓多只騁目，誰問有歸鴉。

註：此地原爲印第安人狩獵區，現爲印弟安人保留區。

皂莢樹

杜詩：「惡樹」：「雞棲奈汝何」。急就篇注：「皂莢樹一名雞棲」。余外家有皂莢樹一株，高可蔽天，霜秋後，皂莢凋零，村童爭拾以為浣衣之用，然未聞其為「惡樹」也。

其一

皂莢霜秋落，空枝去日高；立根通祖澤，盤地穩風濤；
自有栽培始，誰知灌溉勞；童齡隨代遠，心繫外家牢。

其二

洗潔衣裳重，親恩百代新；樹高懸皂莢，身苦見精神；
聽遠砧聲夜，流芬井榦辰；相依惟母德，鞭日再青春。

其三

昔日相爭屬頑童，誰知戚里有家風；樹高塵念先人德，
秋盡還餘皂莢功；感激思親天下去，流連舊物古今同；浣衣
不去春河水，漫澈溫清母愛中。

其四

飄零皂莢自高枝，惡樹名傳杜甫詩；未許偏情掩物用，敢從舊事釋今疑；風流里社冠裳對，水去江湖濁浪知；不改秋聲惟木葉，年年反覆訴心期。

其五

少小辛勤未用猜，外家林野我先回；高秋積下霜風氣，老樹關臨戚里材；日與村童爭勝負，喜多收穫自徘徊；衣塵別後經年重，恐少龍山皂莢來。

註：龍山為吾外家所在地。

其六

昔日年華共舅歌，歡娛爭讓外甥多；望風許我穿林去，隨意聽蟬隔露和；皂莢花開還自落，門闌日射記經過；興高應是村前柳，每向簷流問去波。

其七

已與村童早早分，不堪顛沛淚紛紛；胸懷寥落存知己，皂莢蕭疏對暮雲；石上垂陰相坐影，客中頻夢念諸君；天涯應有歸來意，只少仙槎出夕曛。

其八

相爭有物往風奔，嬉戲童年竟日昏；戚里親情偏厚我，井欄秋杵有公論；關懷饑饉回娘意，照護流亡異姓恩；洗潔衣冠惟皂莢，許將清白勵兒孫。

古樹

台灣阿里山神木，樹齡逾千年，視同山中之瑞，人間之寶。

獨立風標古，生存海嶽今；峰巒垂野盡，冰雪肅陰深；葉脈天文令，根源地理森；膚堅戰外敵，力健出長林；節概盤空大，玄機馭氣沈；周旋雲水合，落拓鬼神吟；柴斧未曾到，星河早照臨；觀光茶俗物，飛越有仙禽。

註：在為美國洛杉磯晚芳詩社命題

詠竹

其一　風竹

翠葉疏枝各自然，輕姿漫舞到風前；伶倫管樂邀人賞，獨許崑崙佔第先。

註：杜詩：「律比崑崙竹，音知燥溼絃」。相傳黃帝樂官伶倫伐崑崙竹，以爲律呂。

其二　雪竹

抖擻精神歷劫行，天留功節助高明；虛心待我尊前約，共話疏枝雪裡情。

其三　雨竹

晶瑩雨滴洗青枝，氣韻從來總不疑；散漫煙霏林竹在，輕寒早許七賢知。

其四　露竹

露點匆匆各自圓，一珠先墮萬珠遷；商量未出平衡策，竹葉春風灑靜便。

其五　孤行

孤竹何曾附萬竿，依然有節向風彈；群山獨服清標遠，草木誰贏劫後看。

註：右爲美國洛杉磯晚芳詩社命題。

垂釣

其一

水淨沙明不繫船，投竿有影日中遷；風移滄浪隨魚躍，岸轉荊藤費力牽；謀道正憂垂釣後，養生偏嗜夕陽前，詩魂敢共忘筌去，雲物思飄杜甫傳。

註：杜詩：「思飄雲物動」（敬贈鄭諫議十韻）。

其二

邊把釣竿寄所思，推源造物正同時；江山信美多如畫，日月分明不自疑；水族游來天地闊，道心原自聖賢期；何堪取捨隨人意，欲問興亡已太遲。

註：美國人釣魚，取其所好者，非其所好，則遺棄岸邊不顧。

雪夜行

北美冬多雪，高寒類九州；艱難體行健，吟唱作詩酬；覆蓋徵平等，飄零忽一流；衣裳深自重，鬢髮白初浮；雪共飛星動，天開見月留；車聲時暫有，地氣黯然收。念聖堅冰至，防身努力求，依違無俗物，機警自霜秋；阮籍窮途哭，子猷訪戴休；晶瑩透我目，想像梗心頭；寒徹思潮往，境偏祖國愁；干戈戰自昔，杜甫洗兵謳。

註：少陵有「洗兵馬」詩。

讀杜少陵憶弟詩

少陵憶弟詩二十餘首，懇摯感人，手足親情，公體會最真最切。

其一

戰伐相憐手足情，終南巫峽壯觀行；江風散落千行淚，
併作鶺鴒啼痕聲。

註：覲爲公弟之一。

其二

元朔鄉黨最羨公，如今兄弟各西東；荊南陽翟為家日，
昨夜冰霜除夕中。

其三

夔峽岳陽可定居，喜開涕淚誦家書；江山俗薄馮唐老，

杖履猶從形骸餘。

其四

平陰有信慰今存，戰亂流亡舊血痕；弟懦兄衰何所是，
漫天烽火一乾坤。

其五

三月花飛未忍看，故園烽火照兵殘；河南且喜今朝定，
猶憶濟州昨夜寒。

其六

客裡形容一病輕，望鄉台畔傍風情；長瞻碣石飛鴻意，
敢問兵戈匹馬聲。

其七

露下新寒昨夜回，星流戰火共城隈；秋邊一月傷心色，
不見鴒原白雁來。

其八

藍田楚塞各關山，兄弟親情宇宙間；八月開帆迎白露，
仲宣樓畔淚初潸。

其九

怕向杭州問弟居，年來兵火短封書；喜同三峽啼猿淚，
並作春江動楚墟。

其十

巡簷索共臘梅春，團聚江陵此日新；秦嶺有詩開道路，
不勞松雪問風塵。

其　十一

手足相隨到草堂，共瞻玉壘老風光；柴荊鵝鴨尋常事，
更有東林竹影香。

其　十二

舊犬猶知愁恨長，報恩經此對忠良；存亡何忍分人物，
且共鶺鴒慰故常。

其　十三

創作文章自有因，少陵才調更無倫；親情義重詞林外，

不作呻吟病裡人。

其十四

嵋山倫理在真情，望月書懷一弟兄；不是人間多恨事，
只緣鬢影隔江城。

其十五

弟兄羈旅在英倫，孝道從來何苦辛；少小分梨偏讓我，
更傾衣食奉尊親。

註：舍弟獨力侍親英倫，余只慚愧耳。

乞食

近日夢中，忽現當年家亡後，隨母乞食懷寧景象，賦此

記之。

其一

乞食兵戈裡，相依惟老親；懷寧思故舊，槎水遠先人；
魂魄驚雙定，肝腸愬若辛；客階依偎日，禮義待初貧。

註：槎水爲吾祖塋地所在地。

其二

道路難何有，清風白日高；祖宗身創業，子弟命如毛；
展轉知生理，徘徊幾怒號；沿門驚犬吠，驅逐敗辛勞。

其三

傍水農村美，青萍逐浪開；鵝黃喜客到，語淺問童來；

路側平沙淨，風高昨夜哀；飢腸待飲食，魂魄戰蒿萊。

其四

遙望炊煙起，安寧數十家，民情猶故宅，樹杪巢昏鴉；
日暮乾坤合，風多步履斜；星輝共野月，草影凝秋蛇。

其五

三代同行乞，悲歌老幼分；立家原祖訓，忍淚避親聞；
廉恥新凋喪，尊嚴照夕曛；飯香催食欲，愧赧汗紛紛。

其六

賑濟仁風貴，招邀德義深；黔敖嗟羞食，韓信感恩臨；
蒙幸施行捨，無勞努力尋；風燈團露影，朗鑒主人心。

奉贈謝李詞長木子十二韻

行健真君子，名山著作來；揚芬留杏壇，建業挺詩才；涉趣儒林重，達觀雲霧開；深衷多自勉，絜矩不嫌猜。月令今朝動，仁風昨夜回；洋流同羽翰，竹日出山隈；襟抱當清霽，詞采正剪梅；漢家詩共祖，李白獨銜杯。林口交遊在，黌宮互講台；吹噓美耳目，獎賞愧蒿萊。地自他鄉異，文成寂寞哀，燈明誰共語，回首仰風裁。

飲茶、不寐、記感

余嗜飲茶、客夜，常因茶力持久，不寐，興感少小時事，援筆記之，聊助白首之歡。

祖業茶山美，雲高未隱淪，向陽當節令，排寡在風塵；小葉明朝摘，黃芽此日新；清泉流左右，碧節不逡巡。暮雨青峰外，村橋白屋邊；含香通古道，籠翠幾千年；品味分杯後，傳家愛物先；艱難問子弟，培養藉山川，樸拙農衣陣，精華禮樂篇；茶園互接壤，溝渠自周旋；風味通鄰比，天文共自圓；行歌暗接應，詠物再蹁躚。自煮清茶奉，情隨故意珍；山泉共一脈，祖德不嫌貧。世亂分奔後，鄉愁飲愈新；也知遜故物，強調順斯民；入境何須問，傾杯總有因，謀篇文賦理，去國仲宣親。